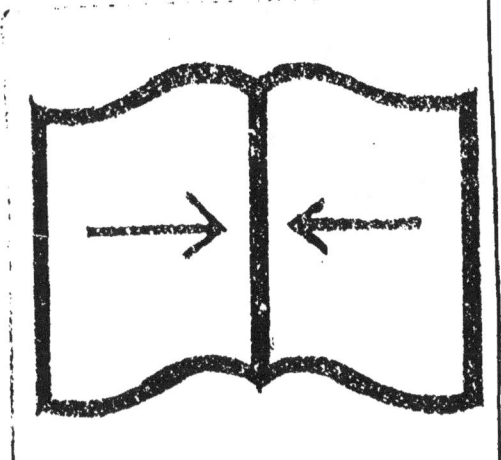

RELIURE SERREE
Absence de marges
Intérieures

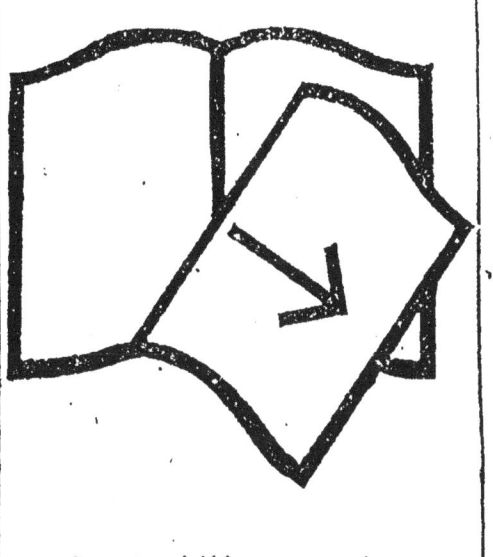

Couverture Inférieure manquante

VALABLE POUR TOUT OU PARTIE
DU DOCUMENT REPRODUIT

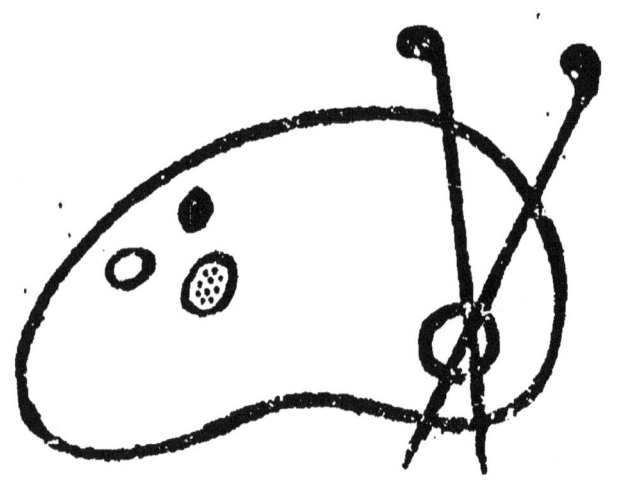

Original en couleur
NF Z 43-120-8

LES
GAIETÉS
BOURGEOISES

IL A ÉTÉ TIRÉ DE CET OUVRAGE
Vingt-cinq Exemplaires numérotés, sur papier du Japon.
AU PRIX DE **10** FRANCS

OUVRAGES DU MÊME AUTEUR

LES

TRIBUNAUX COMIQUES

PRÉFACES DE JULES NORIAC ET ARMAND SILVESTRE
ILLUSTRATIONS DE STOP

3 *volumes in-18* à . . . . 5 *fr.*

(Chaque série ou volume se vend séparément)

LE

BUREAU DU COMMISSAIRE

Un volume illustré

PRÉFACE D'ALEXANDRE DUMAS FILS

PARIS. — IMP. C. MARPON ET E. FLAMMARION, RUE RACINE, 26.

Jules MOINAUX

LES GAIETÉS BOURGEOISES

Illustrations de Steinlen

PARIS
C. MARPON ET E. FLAMMARION
ÉDITEURS
26, RUE RACINE, PRÈS L'ODÉON

LE MOUCHARD

Le Mouchard

1

Que vouliez-vous que ce fût, sinon un mouchard? C'était un homme d'assez vilaine mine; il suivait M. Monpipeau, depuis le matin; s'il le suivait, c'est qu'il le filait; s'il le filait, c'était un mouchard; c'est clair comme le jour.

Je sais bien, on pourra me dire que c'était peut-être un voleur; certes, il en avait bien l'air; mais remarquez qu'un voleur suit, la nuit, un passant attardé, jusqu'à ce qu'il trouve le moment opportun pour le dépouiller, et c'était en plein jour et en plein boulevard que ce personnage suspect suivait M. Monpipeau. Au surplus, cette argumentation si serrée, M. Monpipeau se l'était formulée à lui-même ; raison de plus pour moi de la croire irréfutable.

Du reste, si c'eût été un voleur, il aurait eu un joli coup à faire avec M. Monpipeau, bourgeois d'Armentières plus qu'aisé. Pour vous donner une idée de sa position, il était venu passer un mois à Paris avec dix mille francs en poche et une caisse de purs Havane qu'il faisait venir directement de ce pays des fins cigares ; vous voyez qu'il ne se prive de rien, ce qui, vous me direz, est souvent aussi le cas de gens sans le sou, mais ce n'est pas celui de M. Monpipeau.

Brave homme, au demeurant, sans haine et sans crainte, comme un témoin de Cour d'assises, excepté à l'endroit de la République qui avait développé chez lui ces deux sentiments à leur dernière puissance.

Il était de ceux qui s'étaient le plus chaudement ralliés au discours d'Armentières pour la renverser, il avait même protégé M. Paul de Cassagnac contre l'hostilité des anarchistes, avait reçu une pierre près de la tempe et répétait partout : deux centimètres plus bas et on n'aurait trouvé sur moi qu'un cadavre.

Décidé à concourir activement à l'exécution du plan développé par le député du Gers, M. Monpipeau avait, dès le lendemain de l'échauffourée, fondé un cercle, qu'il avait  dénommé plaisamment, et pour en cacher le but véritable : *Société des becs fins*, dont les membres, en nombre limité, étaient choisis parmi les plus ardents adversaires de la République.

Dans sa pensée, ce cercle était bel et bien une société secrète, et comme on l'en avait nommé président par acclamation, le brave homme, oubliant que les sociétés secrètes

1.

n'ont aucune raison d'être sous un régime où chacun a la liberté de tout dire et de tout écrire, ne s'en était pas moins donné une importance qui se trahissait par des sous-entendus, des demi-mots mystérieux et des axiomes, tels que « les yeux fixés devant soi, en regardant en arrière », allusion au passé dont il rêvait le retour dans l'avenir.

Ses amis, qu'il appelait ses affiliés, l'engageaient à plus de retenue ; nous entrions dans l'ère des proscriptions ; certains journaux ne se gênaient pas pour annoncer qu'après les héritiers du trône, on expulserait leurs parents (ce qui, en effet, avait eu lieu) puis leurs amis, puis leurs partisans, et comme Monpipeau était de ces derniers, il avait lieu de se croire, sinon encore menacé, du moins surveillé.

II

C'est dans cette disposition d'esprit qu'il s'était décidé à venir à Paris, où il n'avait pas mis le pied depuis l'Exposition de 1867, et Dieu sait que la politique était bien étrangère à son déplacement. On lui avait remis, il est vrai, le matin du jour où commence ce récit, à sa sortie de son hôtel situé aux Champs-Élysées, une lettre d'un des affiliés qui lui soumettait un plan de restauration orléaniste, élaboré en son absence, mais c'était le seul détail étranger à son voyage de pur agrément. Cette lettre, il l'avait lue et méditée en se dirigeant vers les boulevards; il en avait froissé et jeté machinalement l'enveloppe à terre ; un homme, marchant à quelques pas derrière lui, l'avait ramassée. Monpipeau n'avait pas vu ce mouvement mais avait remarqué l'individu quelques instants auparavant, sans attacher autrement d'importance à cette rencontre.

En sortant du café Anglais où il avait déjeuné et allumé un de ses excellents Havane, il retrouva son homme devant la porte, non sans un mouvement de surprise ; mais il réfléchit que, tous les jours, on rencontre deux fois la même personne dans la même journée, il attribua la chose au hasard et commença, avec une visible satisfaction, sa promenade digestive sur les boulevards qu'il revoyait après dix-neuf ans.

En passant devant une colonne Morris, il s'arrête à lire les affiches de théâtres, se décide pour l'Opéra et, en se retournant, il voit l'homme arrêté non loin de lui ; nouveau mouvement de M. Monpipeau : — C'est bien singulier, se dit-il, cet individu qui, depuis les Champs-Élysées, a justement à suivre là même route que moi, qui s'arrête quand je m'arrête. Serait-ce un voleur?

Il rejeta cette supposition comme il est expliqué ci-dessus et il rebroussa chemin pour échapper à l'irritation qui commençait à le gagner.

Après quelques pas faits dans cette direction nouvelle, il allait

retourner la tête pour s'assurer s'il était enfin débarrassé de son agaçant inconnu, lorsqu'il fut retenu par cette exclamation :

— Eh! mais, c'est Monpipeau.

— Tiens!... exclama celui-ci, ce cher Robertin! Y a-t-il un temps que nous ne nous sommes vus!...

Et les deux vieux amis causèrent.

— Ah! mais, à propos, dit Robertin, tu as eu une jolie échauffourée, l'autre jour?

— Oh! ne parlons pas politique... je viens ici pour l'oublier...

— Comment, est-ce que là-bas?...

— Ne parlons pas de ça. Je viens me retremper dans cette joyeuse vie parisienne... oublier des soucis d'une extrême gravité, les responsabilités que j'encours... sans peur!... je le déclare hautement. Thiers l'a dit : « La République sera conservatrice ou elle ne sera pas. » Qu'a-t-elle conservé? Le suffrage universel, cette imbécilité qui tuera la société. « Les yeux fixés devant soi en regardant en arrière », tel est mon principe. Ne causons pas politique, je t'en prie...

— Mais, répondit Robertin, je n'en ai pas soufflé mot; c'est toi qui en parle, et très haut; je t'engage même à te calmer... il y a là, derrière toi, un homme qui a l'air de t'écouter.

Monpipeau se retourna; c'était son homme.

— Il me suit depuis une heure, dit-il bas à Robertin.

— Tu vois bien, méfie-toi.

Sur ce, les deux amis convinrent de dîner

ensemble, puis se quittèrent en se donnant rendez-vous.

Le mystérieux personnage se remit à marcher derrière. Monpipeau qui eut, cette fois, un geste d'impatience. A ce moment, il se trouvait devant un de ces petits monuments cylindriques, dont une revue de feu Clairville disait qu'ils contiennent tant d'annonces d'une nature spéciale, qu'ils en sont tapissés (le sel était dans la façon de lier les deux derniers mots).

Comme ce petit refuge se présentait doublement à propos pour lui, Monpipeau s'y précipita avec la vivacité d'un homme qui craint de laisser échapper... sa colère et y attendit avec satisfaction et confiance l'éloignement du gêneur attaché à ses pas.

Vain espoir! le gêneur guettait la sortie de Monpipeau.

En le revoyant, celui-ci comprit que, décidément, c'était à lui que le drôle en voulait.

Il allonge le pas.

L'homme accélère le sien.

Monpipeau se dirige vers le passage des Panoramas et il allait s'y élancer, lorsque son suiveur, qu'il sentait sur ses talons, fait tout à coup volte-face, passe brusquement du trottoir sur la chaussée et disparaît dans un embarras de voitures, aux yeux de deux individus qui le suivaient du regard.

Le président des Becs fins ricoche rapidement dans la petite galerie des *Variétés*, tourne à droite, puis à gauche et, arrivé, haletant, au bout de la galerie Montmartre, regarde derrière lui :

2

— Il a perdu ma piste! se dit-il dans un soupir de soulagement.

Et, débarrassé enfin d'une poursuite obsédante, il put dîner gaiement avec son ami Robertin, l'emmener à l'Opéra, puis souper chez Tortoni; et, jusqu'à deux heures du matin, goûter sans inquiétude les plaisirs de la vie parisienne.

III

E lendemain, il sortait de son hôtel, comme le jour précédent, à onze heures. Son cauchemar de la veille était planté devant la porte. Monpipeau fit un soubresaut en le voyant : — Il m'attendait! pensa-t-il; est-ce que ça va recommencer comme hier? Mais comment ce misérable sait-il que je loge ici ?

Résolu d'en finir, il alla droit à l'homme :

— Que faites-vous là?... lui demanda-t-il.

— Mais... le pavé est à tout le monde.

— Alors, vous allez recommencer à me suivre ?

— Je me promène comme vous; le pavé est à tout le monde.

— Pourquoi suivez-vous mon chemin?

— Il est autant à moi qu'à vous; la rue est à tout le monde, monsieur Monpipeau.

Monpipeau faillit tomber à la renverse, en s'entendant nommer.

L'homme continua :

— Ah! le café Anglais, par exemple, c'est pas la même chose; tout le monde ne peut pas y aller faire des balthazars; je vous ai vu boulotter à travers les vitres; nom d'un chien! vous êtes un bec fin, vous.

— Un bec fin! se dit le président du cercle, et cet homme sait mon nom; je comprends tout, maintenant : le gouvernement a surpris notre secret, je suis reconnu, ma présence à Paris est signalée, et ce drôle est un mouchard. que la police a mis à mes trousses.

— Je vous défends de me suivre, dit-il.

— Si ça n'est pas moi, ça sera un autre.

— Ah! ça sera...

— Oui, ou deux, ou trois, alors faudrait partager; laissez-moi faire mon métier tout seul, qu'est-ce que ça vous fait?

— Votre métier... Un vilain métier que vous faites-là, mon garçon.

— Que voulez-vous, monsieur, on fait ce qu'on peut; j'en aimerais mieux un autre, foi de Camboulard, qui est mon nom.

— En effet, votre mine n'indique pas qu'il vous enrichisse; qu'est-ce que vous gagnez?

— C'est suivant; des fois, le rapport est bon; d'autres fois, il n'y a pas grand'chose.

— Ah! le rapport... Et votre rapport d'hier, à mon égard?

— Oh! pas fameux, pensez! Qu'est-ce que je vous ai suivi? peut-être une bonne heure, pas même.

— Vous m'avez perdu de vue?

— Oh! non, pas moyen de s'esbigner avec moi, j'ai l'œil américain ; seulement j'ai été obligé de vous quitter subito pour une affaire que j'avais oubliée.

— Avec tout ça, se dit le président des Becs fins, me voilà avec un mouchard attaché

à ma personne, pendant toute la durée de mon séjour à Paris... Que faire? Si je l'achetais !... Il ne doit pas être cher.

Et Monpipeau allait lui faire une offre d'argent, lorsque la pensée de tentative de corruption le fit renoncer ; il craignit de fournir à l'espion un rapport compromettant, et il se dit qu'il fallait viser au même but sans recourir aux offres directes.

Camboulard lui en offrit le moyen :

— C'est pas pour mon plaisir, dit-il, que je traîne la savate sur le boulevard. Je connais une bonne place où je pourrais entrer, si j'étais mieux ficelé; mais comment voulez-vous que j'aille me présenter fichu comme l'as de pique?

— Monpipeau saisit avec joie l'occasion de rouler la police de la République.

— Alors, dit-il, si je vous faisais habiller à neuf?

— Ah! bourgeois, si vous faites ça, ni-i-ni, bonsoir, au plaisir de ne jamais vous revoir; je comprends que je dois vous embêter ferme; vous voulez aller au café, ou voir des amis, n'est-ce pas? ou rigoler avec une petite femme... et de m'avoir toujours derrière vous... Tiens! à propos de femme, j'en connais une rudement gentille; je peux vous mener chez elle... c'est la mienne... elle vous recevra très bien... Seulement, vous me payerez à déjeuner.

Monpipeau fit un geste de refus.

— Eh bien! quoi?... reprit l'aimable garçon... vous verrez, quand je serai habillé, que je vous ai un chic qui vous fera honneur.

— Je ne vous dis pas, mais...

— Est-ce que vous avez honte de moi?

Monpipeau protesta faiblement.

— Eh bèn alors?... allons, c'est entendu ; à la *Belle Jardinière*, et après, au restaurant... où vous voudrez, je ne tiens pas au café Anglais... d'abord on n'y fume pas la pipe... au fait, après, vous me donnerez un de vos cigares... ou deux.

Une voiture passait à ce moment ; Monpipeau héla le cocher, fit monter Camboulard sur le siège, cria : à la *Belle Jardinière !* et monta dans le fiacre.

IV

Une demi-heure après, notre gaillard était habillé de neuf, des pieds à la tête. M. Monpipeau s'était énergiquement opposé à son choix d'une cravate en foulard rose, d'un pantalon à carreaux rouges et verts et d'un gilet de couleur criarde; il lui avait imposé un complet gros bleu, lui avait acheté un chapeau melon, des bottines pointues, de sorte qu'il s'était confectionné un convive à peu près présentable, sauf la tête qu'il n'avait pas pu remplacer, et les mains qu'il n'avait pu obtenir de faire ganter.

Nouvelle discussion pour le choix du restaurant; l'invité voulait aller manger des tripes et des escargots, à la Halle, mais il céda à la volonté formellement signifiée par son amphitryon de lui offrir un festin plus délicat, dans un restaurant plus distingué, et surtout (ce qu'il n'avoua pas) de cacher son hôte dans un cabinet particulier.

Ils entrèrent donc dans ce restaurant, trop préoccupés chacun de pensées différentes pour remarquer deux individus qui les observaient en manifestant une certaine surprise.

— Très chic! dit le convive, en voyant le couvert dressé; vous savez, monsieur Monpipeau, moi, je n'ai qu'une parole; la petite femme dont je vous ai parlé, qui est la mienne, c'est convenu; je ne reviens pas là-dessus.

— C'est ça ; n'y revenons pas et dépêchons-nous de déjeuner.

Et Monpipeau fit hâter le service comme un voyageur attablé à un buffet de chemin de fer et qui craint de manquer le train ; et les plats se succédaient avec une rapidité qui, d'ailleurs, ne gênait en aucune façon Camboulard dont l'assiette était nettoyée avant chaque retour du garçon ; sans compter les bouteilles absorbées, car Monpipeau demandait sans compter Bordeaux, Bourgogne et Champagne, heureux d'échapper à si bon marché à la surveillance du policier ; grave imprudence dont il commença à s'apercevoir, quand son hôte, devenu d'une gaieté bruyante, se mit à entonner la *Marseillaise*.

— Chut ! fit-il avec inquiétude, voyons, mon brave, on ne chante pas ici.

— C'est vrai, Monpipeau, t'as raison, quand on est dans des endroits distingués, faut être distingué, et il se mit à crier : garçon ! le café ! puis, s'attendrissant : Vois-tu, mon vieux Pipeau... quand je pense qu'il faudra que je te quitte tout à l'heure... et il ajouta avec émotion : pour ne jamais nous revoir...

Cet attendrissement commença à inquiéter Monpipeau.

— Ça sera dur, ajouta l'autre.

L'entrée du garçon portant le café changea subitement les idées du pochard :

— Le bain de pied! cria-t-il, la rincette et la surrincette!

— L'addition! demanda l'amphitryon.

Le café et les liqueurs absorbés, Camboulard reprit en pleurant :

— Ah! ça sera dur de se quitter.

Monpipeau commença à le craindre.

— Enfin, dit-il, ce qui est convenu est convenu.

— Oh! ce qu'il y a de plus convenu, ma vieille; moi, je n'ai qu'une parole; ça te gêne que je te suive, je ne te suivrai plus; mais c'est tout de même drôle, la vie; on se rencontre par hasard, on se gobe... car, moi, je t'ai gobé tout de suite...

Et il sauta au cou de Monpipeau ahuri et cherchant à échapper au baiser de son gobeur.

L'entrée du garçon, porteur de l'addition,

le délivra à propos, il acquitta la carte à payer; le garçon parti, il se leva et prit son chapeau :

— Allons, adieu! dit-il.

— Comment adieu?... pas encore... et la petite femme?

— Non, non, merci!

Et il allait sortir; mais Camboulard le retenant :

— Tu n'en veux pas?

— Non, adieu!

— Pas de ça, Lisette, s'écria son aimable

compagnon, en le saisissant par le bras ; je ne suis pas un carottier qui se fait régaler, moi ; le déjeuner, c'était pour la femme ; tu n'en veux plus, laisse-la, mais une politesse en vaut une autre ; je veux payer une tournée chez le marchand de vin.

— Mon Dieu ! que je suis fâché de l'avoir invité, gémit Monpipeau, et il refusa énergiquement la tournée ; à quoi Camboulard s'écria que c'était une saleté qu'il ne supporterait pas. Frappant alors sur la table à coups de poing qui faisaient danser la vaisselle, renversaient les verres, les bouteilles, il souleva bientôt des protestations dans les cabinets voisins.

— Allez chercher les agents ! criaient des voix indignées.

Et quand les agents arrivèrent, le malheureux Monpipeau, haletant, la tête perdue, luttait avec désespoir pour se dégager des étreintes du forcené.

Les gardiens de la paix se contentèrent d'expulser les deux lutteurs, et arrivés à la porte du restaurant, ils allaient les lâcher, lorsque les deux individus arrêtés à la porte de l'établissement où ils avaient vu entrer Monpipeau et son convive se firent connaître aux gardiens de la paix comme inspecteurs de la Sûreté et les requirent de conduire les deux perturbateurs chez le commissaire de police.

Et le riche bourgeois d'Armentières fut conduit avec son compagnon, entre quatre agents, à travers les rues de ce joyeux Paris où il était venu passer un mois pour son agrément.

V

Les deux inspecteurs de la Sûreté entrèrent seuls d'abord dans le cabinet du commissaire; puis, on y introduisit les deux prisonniers, Monpipeau la tête haute et l'air indigné, l'autre, exaspéré et criant : il m'a fait une saleté. Oui, Monpipeau, tu m'as fait une saleté, v'la mon caractère.

— Cet homme est votre ami? demanda le commissaire à Monpipeau.

— Moi?... du tout; il me suit depuis hier.

— Cependant, lui vous connaît et vous tutoie.

— Parce qu'il est ivre.

— Il s'est grisé au déjeuner que vous avez pris ensemble; vous ne le connaissez pas et vous le menez déjeuner?

Monpipeau, embarrassé, balbutia, pataugea.

— Tenez! dit le commissaire, du rapport que viennent de me faire les inspecteurs de la Sûreté résulte ceci : un vol de plus de trente mille francs a été commis il y a deux jours; votre ami...

— Mais encore une fois, ce n'est pas mon ami.

— Veuillez ne pas m'interrompre : cet homme est soupçonné d'être complice de ce vol.

— Moi? s'écria l'accusé; ah! mais je nie ça!

Le commissaire continua : or, cet homme que vous prétendez ne pas connaître, vous l'avez fait habiller à neuf ce matin à la *Belle Jardinière*.

— C'est vrai, dit Camboulard.

— Je l'avoue, ajouta Monpipeau.

— Pour dérouter les agents qui le surveillaient, conclut le commissaire.

Monpipeau protesta énergiquement.

— Alors, pourquoi l'avez-vous habillé?

— Mais parce que je ne pouvais pas l'emmener déjeuner vêtu comme il était.

— Eh bien! pourquoi l'avez-vous emmené déjeuner?... Vous ne répondez pas? donc, vous êtes son complice.

Monpipeau bondit; les agents le continrent et le commissaire ordonna de fouiller les inculpés.

On fouilla d'abord Monpipeau; on trouva sur lui un portefeuille, on le passa au commissaire qui l'ouvrit et en tira neuf billets de banque de mille francs.

— Vous voyez, dit-il; voilà votre part du vol.

Dire l'exaspération indignée du malheureux bourgeois est chose impossible. Dans sa suf-

focation, il parlait du nez, de la gorge, des
boîtes; enfin, il put articuler : — Mais cet
homme sait bien qui je suis, puisqu'il me file
depuis deux jours, en sa qualité d'agent politique.

— Moi! fit Camboulard; elle est bonne.

— Voici! dit à ce moment l'agent qui le
fouillait, et il déposa sur la table deux poignées de bouts de cigares, douze sous et l'enveloppe portant le nom de Monpipeau.

Celui-ci resta stupéfait.

— Vous voyez, lui dit le commissaire,
comment votre coïnculpé est un agent politique; c'est un vagabond, un ramasseur de
bouts de cigares.

— C'est pour ça que je vous suivais, ajouta
Camboulard, vu que jamais je n'ai trouvé des
fumeurs de si bons cigares que vous.

— Mais enfin, il connaissait mon nom et
mon hôtel, dit Monpipeau.

Le commissaire lui présenta l'enveloppe
trouvée sur son compagnon.

— Vous l'aviez jetée, je l'ai ramassée, dit
celui-ci.

— En effet, monsieur, dit d'un ton poli le commissaire de police, voici une lettre que je trouve dans votre portefeuille, qui vous justifie en tant que complice de cet homme, et explique que vous vous soyez cru suivi par un agent politique; vous êtes président d'une association ayant pour but le renversement de l'ordre de choses actuel.

Interdit un moment, le conspirateur jeta le masque et avec un geste à la Mirabeau : — N'attendez pas de moi une lâche palinodie, s'écria-t-il; courbé, mais non terrassé par les preuves qui m'accablent, je me redresse fièrement, en brandissant mon drapeau.

— Pourquoi faire, monsieur? demanda en souriant le fonctionnaire.

Ce sourire interdit Monpipeau : — Pourquoi faire? demanda-t-il, prenant une pose tribunitienne; j'aurai le courage de le dire; arrière les hommes pusillanimes qui...

Et le commissaire, souriant toujours, l'interrompit pour l'engager à se calmer. Cette attitude, loin de calmer Monpipeau, augmentait sa crânerie : — Les yeux fixés devant moi, en regardant derrière, vociféra-t-il, le passé me montre l'avenir.

Le commissaire riait aux éclats, et l'orateur, irrité de ce genre de succès, de s'écrier : — La force seule me fermera la bouche! faites-moi appréhender par vos séides, faites-moi jeter au violon ; j'en affronte le grabat, j'y dormirai paisible, prêt à livrer mon corps en pâture à ses parasites, hydres de la paillasse immonde.

Le commissaire se tordait, les agents se tenaient les côtes ; seul, Camboulard, plein d'admiration, buvait l'éloquence de son fournisseur de bouts de cigares.

Celui-ci, enfin, expulsé par le commissaire en gaîté, sortit en lui jetant cette flèche du Parthe :

— Vous ne rirez pas toujours, serviteur d'un régime abhorré.

Et fier de son attitude héroïque, il alluma un

de ses fins havanes, dont il lança une bouffée en l'air.—Assez de politique pour aujourd'hui, dit-il, plus de police à braver, plus de bohémiens dans les jambes; allons goûter les plaisirs de la vie parisienne! Sur ce, il lança une deuxième bouffée et prit la route des boulevards.

Et un pauvre diable qui passait, humant cette exquise fumée, se mit à le suivre.

COURSE DE TAUREAU

EN CHAMBRE

I

Parfaitement, en chambre! avec picadores à cheval. Nous n'oserions affirmer que les chevaux n'étaient pas en carton et entourés d'une housse destinée à dissimuler leur absence de jambes et à cacher celles des cavaliers passés au travers du corps de ces coursiers dociles; mais quant au héros de la fête, on peut garantir qu'il avait été acheté non « *Aux enfants sages* », mais au marché aux bestiaux, avant le lever de l'aurore, qui précède celui des concierges, afin de pouvoir l'introduire au domicile de son acquéreur sans attirer l'attention du titulaire de la loge.

Il y avait longtemps que Champiolle avait eu l'idée d'offrir ce spectacle espagnol à une société choisie. D'accord avec quelques amis, il commanda des costumes de picadores, ban-

derilleros, sauteurs, etc. En attendant la date fixée, on répéta plusieurs heures par jour les exercices de grâce et d'agilité consistant, pour les uns, à sauter par-dessus un fauteuil simulant le taureau; pour d'autres, à planter des banderilles dans son dossier, etc., et tous s'étudièrent à prendre des poses andalouses dans une cambrure de reins faisant ressortir leurs avantages.

4.

II

Le matin du jour fixé pour la fête, nos toréadors étaient, ainsi qu'il a été dit, au marché aux bestiaux et y faisaient l'acquisition d'un taureau, d'un taureau n'exposant, bien entendu, ni les spectateurs ni les acteurs, aux redoutables conséquences de sa fureur et de son affolement. Ils le choisirent donc à cet âge où l'on en fait des escalopes et des blanquettes, où il n'a pas de cornes au front et où il tète encore sa mère. Allons, allons! n'équivoquons pas, c'était un simple veau.

On le fit transporter jusqu'à la maison où il devait jouer le principal rôle dans la comédie projetée, non sans avoir à lutter contre une

résistance qui indiquait son désir bien légitime de retourner au sein de sa mère, quoiqu'à la rigueur on pourrait dire que c'eût été aller de mal en *pis*, n'était la crainte qu'on pût croire à l'émission volontaire d'un calembour imbécile.

On le transporta au sixième étage où on l'enferma provisoirement dans un *buen retiro* à l'usage des haut logés de la maison.

Il resta dans ce *toril-closet* jusqu'à minuit, poussant un beuglement plaintif chaque fois qu'un locataire mettait la main sur le bouton de la porte, ce qui provoqua nombre de fois un mouvement d'impatience accompagné de cette exclamation : Allons bon! il y a du monde!

III

т à l'heure indiquée, les invités, vêtus en Andalous et en Andalouses, conformément au programme qui imposait la couleur locale, attendaient impatiemment la corrida annoncée.

Elle commença par l'entrée des picadores, sur leurs chevaux de carton ; puis entrèrent les banderilleros, puis tour à tour les autres auxiliaires de la tauromachie, tous vêtus de costumes étincelants qui provoquèrent l'enthousiasme.

Enfin, le héros de la fête parut et fut accueilli par un de ces rires si rares chez les hypocondriaques et les *Bravo toro!* de retentir selon l'usage espagnol. Il ne lui restait plus qu'à mériter cette ovation anticipée. Il y répondit par un beuglement, premier succès dont il fut récompensé par de nouveaux bravos. Son rôle était commencé, c'était aux autres acteurs à attaquer le leur; les lances des picadores firent sortir le veau de son abrutissement; il tressaillit et fit un saut en avant : Bravo toro! cria l'assistance; le mouvement était donné.

Un banderillero intrépide, un héros,
Arrête son coursier, saisit son jevelot,
Pousse au veau; puis, d'un dard lancé d'une main sûre,
Lui plante son drapeau tout juste à l'encolure.

Beuuh! fit l'animal en esquissant un mouvement indécis; l'écarteur intervient et le sauteur exécute le saut de mouton par-dessus le veau. — Beuuh! fait la bête; et les picadores de piquer, et le sauteur de sauter, et les banderillos de planter leurs banderilles éclatantes sur le dos et dans les flancs du malheureux veau affolé, bondissant. Les cris d'enthousiasme redoublent; les dames jettent au taureau leurs bouquets, leurs éventails, etc.; c'était du délire.

Tout à coup en proie à l'émotion inséparable d'un premier début,

le jeune taureau s'arrête devant une des dames... Cette émotion, les plus braves soldats vous diront qu'au premier feu qu'ils ont supporté ils l'ont éprouvée et trahie comme le pauvre veau; seulement ils n'ont jamais gâté de robes de dames.

La foule s'en émeut, l'air en est infecté ;
Le veau qui l'apporta recule épouvanté ;
Et la dame, voyant sa souillure effroyable,
Répond à la clameur par un cri lamentable.

Ici intervient le concierge, informé par des locataires indignés de l'introduction clandestine d'un veau dans un appartement. Scène scandaleuse d'injures, effroi des dames qui se hâtent de s'enfuir en emmenant leurs cavaliers, au nombre desquels étaient les acteurs de la *corrida*, et l'organisateur de la fête resta seul avec son veau. Celui-ci, l'œil fixe et abruti comme s'il regardait passer un train de chemin de fer, fut tiré de sa torpeur par un formidable coup de pied que lui lança l'amphitryon et qui l'envoya rouler dans l'arène en lui arrachant un beuglement plaintif.

Et notre homme au paroxysme de la colère, de se dire, en regardant ses glaces, ses petits fours et son souper :

— Qu'est-ce que je vais faire de tout ça? une fête si bien commencée interrompue à moitié par cette immonde brute! En effet, la corrida devait être suivie de boléros, séguedilles, etc., etc.; mais, au lieu du ballet espagnol, il n'y eut que le balai de bouleau exécutant un cavalier seul devant la pelle à main.

DOMINIQUE

DOMINIQUE

I

    C'était un domestique nègre qui avait long-temps servi comme matelot; un usage prolongé des salaisons lui avait donné le scorbut, d'où la perte de toutes ses dents; de sorte que, lorsqu'il riait, on avait l'illusion d'un pantalon noir qui se déchire au genou. L'effet comique était irrésistible pour la galerie, mais jetait une espèce de ridicule sur les maîtres de Dominique. Il savait que son infirmité le dépréciait et il ne demandait que des gages modestes. Pour cette raison, M. et Mme Lahuche l'avaient pris à leur service et, après tout, ils avaient un nègre, ce qui flattait leur vanité d'anciens marchands de pâtes alimentaires, retirés dans un asile champêtre, loin des tempêtes du monde et du vermicelle.

Ils y étaient installés depuis trois mois, n'entendant (excepté le dimanche où des amis venaient les voir) d'autres voix étrangères que celle d'un perroquet, celle, pleine d'amertume, d'une cuisinière aigrie par l'éloignement de toute garnison, et celle de Dominique, qu'ils avaient pris pour tout faire et qui ne faisait rien sans casser quelque chose.

Ces accidents réitérés l'avaient fait prendre en grippe par Mme Lahuche et, sans sa couleur, elle l'aurait mis à la porte. Elle feignait de le conserver par condescendance pour M. Lahuche, qui tenait beaucoup à lui :

— Je sais bien pourquoi tu gardes cet imbécile, lui disait-elle un jour.

— Je le garde parce qu'il est sobre, doux, facile à vivre ; il mange de tout.

— Oui, et puis il te flagorne.

— Comment, il me flagorne?

— Ne te répète-t-il pas sans cesse : — En tout, je prends modèle sur Monsieur.

— Eh bien! c'est flatteur pour moi, mais il

n'y a pas là de flagornerie; il me semble que, comme homme...

— Oh! tu es irréprochable.

— Comme électeur...

— Oh! tu votes bien.

— Comme mari...

— Oh! tu votes mal.

—. Je vote mal... je vote comme on vote au bout de vingt-cinq ans de ménage.

— Je dis ça... ajouta Mme Lahuche en ricanant amèrement, sans compléter sa phrase.

Elle disait ça — parce que c'était un dimanche, que les Crouzillon, leurs successeurs, devaient venir dîner s'il faisait beau, qu'elle avait acheté des provisions en conséquence et que le temps s'était gâté à midi.

II

— Ça ne sera rien, dit M. Lahuche, ça n'est qu'un nuage qui passe.

— On en a vu qui passaient pendant six semaines, observa ironiquement Madame.

Le chat, qui ronronait sur les genoux de sa maîtresse, choisit tout juste cet à-propos pour se débarbouiller et passer sa patte par-dessus son oreille.

— Allons, bon ! dit sa maîtresse en l'envoyant rouler à terre.

A ce moment un bruit de verre cassé se fit entendre par la porte restée ouverte.

— Bien ! Encore un coup à Dominique !
s'écria Mme Lahuche.

Elle se levait pour savoir ce qu'il avait brisé, lorsque le nègre entra, en marchant sur les genoux, à la poursuite d'une grenouille qui, d'une chambre voisine, s'était élancée

dans la salle à manger où se trouvaient les deux époux.

— Monsieur, Madame, dit-il, c'est en tapant sur le bocal pour faire monter la grenouille, afin que le temps se mette au beau...

— Imbécile ! cria Mme Lahuche.

— Madame, répondit Dominique, j'ai vu Monsieur faire ça; et prenant en tout modèle sur Monsieur...

Il s'excusait ainsi sans interrompre sa chasse.

— Mais rattrape-la donc ! fit avec colère la femme nerveuse à son mari.

Et celui-ci se mit, comme Dominique, à poursuivre à genoux le batracien effarouché.

— Vous n'en viendrez pas à bout sans moi, dit Mme Lahuche, qui, à son tour, s'agenouilla, et tous trois se mirent à poursuivre la grenouille.

Ils n'avaient pas remarqué le chat qui suivait, de ses yeux écarquillés, les sauts de la petite bête et s'avançait doucement, à plat ventre, en tortillant le derrière, signe précurseur de l'élan des chats sur une proie vivante.

Cernée de trois côtés, la grenouille exécuta un habile mouvement tournant, fit un bond vers la voie libre et fut attrapée au vol par le matou, qui se sauva à toutes pattes en emportant le baromètre aquatique.

— Saleté de bête ! cria M. Lahuche furieux ; ma petite rainette à laquelle je tenais tant !

— C'est bien fait pour toi ! riposta Madame ; il te faut des chats.

— A moi ? s'exclama le mari stupéfait ; elle est forte ! c'est toi qui as demandé aux Crouzillon un des petits de leur chatte.

— Pour te faire plaisir.

— A moi ? est-ce que je t'ai jamais dit un mot... ?

Mme Lahuche suivit son idée sans répondre, comme toute vraie femme qui ne veut pas avoir tort :

— Ah ! ils pouvaient bien nous donner un

chat, dit-elle ; ils nous doivent quatre-vingt-mille francs dont nous ne verrons jamais la queue.

— Qu'est-ce que tu nous chantes? d'abord ils en ont payé vingt mille, reste à soixante mille ; ils ont hérité de cent cinquante mille francs ; tu le sais bien.

Comme si le brave homme n'avait rien dit, Madame continua :

— Céder une maison comme la nôtre à des gens sans le sou.

Et elle tira fiévreusement le cordon de la sonnette.

M. Lahuche cria :

— Tu n'entends donc pas ce que je te dis?

Et il recommença en pure perte :

— Bon! fit-il alors, va! ne réponds pas : comme ça tu auras toujours raison.

— Que veux-tu que je te réponde?

Et elle sonna avec colère.

— Si tu n'as rien à répondre, pourquoi continues-tu à débiner les Crouzillon?

— Ah! tu m'ennuies!

Puis voyant entrer Dominique : — Mais

tais-toi donc, ajouta-t-elle, ne me fais pas de scènes devant les domestiques !

— Moi !... ah ! elle est raide, dit Lahuche près d'éclater...

Et pour se calmer, il alla tambouriner sur les vitres.

III

— Je vous ai sonné au moins douze fois, dit la dame irritée au nègre stupéfait.

Lahuche poussa cette exclamation : — Oh! douze fois !

Et Madame de répondre avec vivacité : — C'est cela ! donne-moi des démentis devant les domestiques.

— C'est à se rouler! ajouta le mari.

Et le nègre, habitué à copier Monsieur, de répéter : — Douze fois! c'est à se rouler.

— Vous voyez ! s'écria l'épouse furieuse ; il

me raille ; ce n'est pas assez qu'il vienne empester le salon de l'odeur de tabac.

— Je ferai remarquer à Madame que je ne fume jamais, répondit Dominique.

Elle continua : — Avec vos horreurs de pipes!

— Mais puisqu'il te dit, risqua Lahuche...

Madame lui coupa la parole : — Ouvrez la fenêtre pour laisser partir cette odeur, au lieu de faire votre tambour qui m'agace.

Lahuche ouvrit la fenêtre, prit le journal le *Soleil* et se mit à lire.

Dominique reprit : — En tout, je prends modèle sur Monsieur : Monsieur ne fume pas, je ne fume pas; Monsieur lit le *Soleil*, je lis le *Soleil*. Monsieur...

Ce mot exaspéra Mme Lahuche : — Allez-vous-en! cria-t-elle; le soleil! le soleil! c'est bien le moment d'en parler, du soleil.

Lahuche éclata de rire : — Ah! oui, parlons-en, dit-il.

Et Dominique de rire à son tour : — Le mot est drôle, dit-il, mais je le connaissais.

— Sortez! cria Mme Lahuche avec emportement.

Et Dominique sortit.

IV

La sortie du nègre fut suivie d'un assez long silence. Lahuche continuait à lire son journal ; Madame, plongée dans un fauteuil, ses jambes allongées et ses pieds croisés, les frottait l'un contre l'autre, en mordillant ses ongles, trahissant ainsi l'agitation qui l'obsédait.

Enfin, elle se leva, fit quelques pas, sans but aucun, et ses regards étant tombés par hasard sur un petit capucin-baromètre, elle s'arrêta devant cet objet. Le bon moine était abrité dans sa maison. Elle frappa, de son doigt, sur le refuge ; le saint homme ne bougea pas.

Lahuche rompit enfin le silence en demandant ce qu'il y avait pour dîner.

— Oh! tu ne mourras pas de faim, répondit Madame sans cesser de taquiner le bon ermite; tu comprends qu'ayant compté sur les Crouzillon... qui ne viendront pas...

— Enfin, qu'avons-nous à manger?

— Oh! fricassée, rôti, poisson, légumes.

— Et comme soupe?

— Un potage à la tortue.

— Ah! bravo!

— Oui, bravo! parce que tu l'aimes.

— Ça n'est pas moi qui l'ai demandé, pourquoi en as-tu fait faire?

— Pour toi.

— Eh bien! c'est pour moi et ça te contrarie que je dise bravo?

— Non, mais si c'était quelque chose que j'aime et que tu n'aimes pas, tu ne dirais pas bravo, et je n'aime pas la tortue.

— Alors il ne fallait pas en acheter.

— Charmant! voilà ma récompense; c'est bien fait pour moi.

— Allons! tu es mal disposée.

— Naturellement, tu me dis des choses désagréables...

— Moi?

— Je suis mieux disposée que ton imbécile de bonhomme.

— Quel bonhomme?

— Ton capucin... il ne veut pas sortir de sa niche.

— Eh bien! expulse-le par la force! tu as la loi Ferry.

— Que c'est donc spirituel! répondit ironiquement Madame; puis, avec colère : — Eh bien! qu'est-ce que ton nègre attend pour mettre le couvert?

— Il n'est que cinq heures.

— Six heures! et Madame sonna.

— Cinq! riposta Lahuche, et lui mettant sa montre devant les yeux : — tu vois!

— Elle est détraquée, ta montre. A ce moment, la pendule sonna cinq heures :

— Tu entends? dit le mari... cinq!
— Oh! je n'ai pas compté.
— Naturellement! tu aurais eu tort.

Dominique entra et, sur l'ordre de Madame, dressa le couvert.

V

Le nègre sortit pour aller chercher le potage :
Il passe toujours, ce nuage, dit M%me% Lahuche d'un air narquois.

— Le médecin que j'ai rencontré ce matin
ne s'est pas trompé, répondit le mari.

— Vous voyez bien ce nuage? m'a-t-il dit,
il est bien malade.

— Ah! il t'a dit que le nuage était malade ;
c'est cela, il l'a fait crever.

Lahuche rit du mot, et l'incident fut suivi
d'un nouveau silence, bientôt rompu par cette
exclamation de Madame : — Mais, mon Dieu!
ce potage est bien longtemps à venir.

— Dame! observa malicieusement Lahuche, un potage à la tortue!

— Voilà! je le fais faire pour Monsieur, et il ne cesse de me berner avec cela... ah! tu commences à m'agacer.

La patience de Lahuche était à bout :

— Tu m'agaces bien davantage, toi, avec ta belle humeur! dit-il en élevant la voix.

— Je peux bien être de bonne humeur, riposta Madame, depuis une heure que tu me cherches querelle!

— Moi! C'est moi qui...?

A ce moment, le chat, qui avait mangé la

grenouille comme un simple fourrier, rentrait et allait se frôler aux jambes de son maître.

— Ah! tu arrives bien! s'écria celui-ci.

— Et il lui lança un coup de pied.

— C'est ça, fit Madame, passe ta colère sur ce pauvre animal, parce que tu n'oses pas la passer sur moi.

Monsieur trépigna. Madame continua :

— Est-ce que tu crois que depuis une heure je ne sens pas tes coups d'épingle ?

—Ah! c'est moi qui...?

Lahuche se crispait les poings : — Encore toi! fit-il au chat, de nouveau dans ses jambes, attends!

Sur ce, il le saisit par la peau du cou et le jette par la fenêtre.

— Brute! sauvage! cria Madame exaspérée; à mon tour! Et elle lança une assiette au dehors.

— Ça m'est égal! hurla Lahuche; tiens! et

il lança l'autre assiette, laquelle fut suivie d'une bouteille, lancée par Madame.

Et la carafe, les verres, les couteaux, les couverts suivirent le même chemin.

Et Dominique, entrant, la soupière aux mains, regarda cette scène avec stupéfaction, puis il dit : Tiens! on dîne dans le jardin! et il fit le geste de lancer la soupière par la fenêtre.

Mme Lahuche s'élança vers lui, pour sauver la porcelaine menacée : il était trop tard.

— Êtes-vous fou? hurla-t-elle.

Et Dominique répondit tranquillement : — En tout, je prends modèle sur Monsieur.

Morale. — Il ne fallut qu'une poire tombée

sur la tête de Newton pour lui révéler les lois de la pesanteur. Il ne faut qu'une pluie qui tombe sur le tête-à-tête des époux les plus unis pour leur révéler le poids de l'isolement.

LA GROSSE CAISSE

LA GROSSE CAISSE

I

Ça n'a l'air de rien, que de battre la grosse caisse ; le premier imbécile venu vous dira : — J'en ferai autant quand on voudra ! — en quoi il prouve justement qu'il est un imbécile. Évidemment, l'artiste grosse caisse ne peut jamais être un soliste, jouer dans les salons, se faire entendre en *concerto*, ni aspirer au titre de virtuose ; mais, de lui, dépend la réussite ou l'insuccès d'une symphonie ; c'est qu'il lui faut deux choses indispensables pour faire sa partie dans un orchestre : le sentiment des nuances et un œil infaillible auquel n'échappe aucun des *temps* à compter. Il est inutile d'insister sur l'effet déplorable d'un roulement de tonnerre, là où il ne faudrait qu'un sourd murmure, ou d'un formidable coup de mailloche, au moment où pleure le violoncelle sur un doux trémolo de violon. Vous voyez que le premier imbécile venu ne pourrait pas être grosse caisse.

Il faut donc être plein de reconnaissance pour celui qui accepte, dans un corps de musique, un instrument sans prestige, et ne procurant aucune satisfaction d'amour-propre à l'homme modeste (chose rare chez les musiciens) qui, à force de le porter à son cou, n'a, souvent, d'autre récompense que de devenir bossu.

ue si, connaissant les qualités que doit posséder cet artiste bruyant, mais obscur, on s'étonnait du choix fait, du boisselier de Saint-Pothin, comme titulaire de cet instrument dans la musique des pompiers, organisée aux frais de la commune, sur un vote du conseil municipal, je répondrais qu'un boisselier peut avoir le sentiment des nuances; que s'il n'a pas très développée la capacité de la mesure, il connait incontestablement, par profession, la mesure de capacité, et puis enfin, une grosse caisse c'est de la boissellerie.

Ceci fut même la cause déterminante de la mission qu'on lui confia : celle d'acheter, à Paris, la grosse caisse et d'en débattre le prix, en homme qu'on ne peut tromper ni sur la valeur matérielle ni sur la main-d'œuvre. Ce prix, il l'avait évalué à 150 francs, y compris ses frais de voyage et l'indemnité de son temps, consacré à l'acquisition, et Menu (c'est son nom) s'était engagé, pour cette somme, à fournir une grosse caisse d'un volume sans précédent et qui ferait parler, — sous le chaume bien longtemps, — de la musique des pompiers de Saint-Pothin.

II

Ceci se passait dans les derniers jours de juin; il fut donc convenu que la musique des pompiers ferait ses débuts à l'occasion de la fête nationale du 14 Juillet. On avait une quinzaine et plus devant soi, un jour pour aller à Paris voir les luthiers, discuter avec eux; la grossse caisse pouvait donc aisément être livrée à Saint-Pothin d'ici à trois ou quatre jours, ce qui permettrait le nombre de répétitions nécessaires à une bonne exécution, et Menu promit de tout faire pour le mieux.

Le jour suivant, le maire se présentait chez

le boisselier pour lui dire que, toutes réflexions faites, il pourrait bien mettre la grosse caisse aux bagages et l'apporter avec lui; mais Mme Menu lui apprenait que son mari était parti, pour Paris, par le premier train.

La vérité est que Menu n'était pas à Paris et qu'il n'y devait pas même mettre le pied. Il s'était dit qu'en définitive, une grosse caisse n'est autre chose qu'un gros boisseau... foncé et couvert en peau d'âne il est vrai, mais ceci n'est pas une difficulté pour un boisselier qui fabrique aussi des cribles dont le fond est en parchemin. Bref, notre homme avait conçu l'idée de fabriquer, lui-même, la grosse caisse, et voici le calcul qu'il avait fait :

Bois.	10 fr.
Peau d'âne.	10 fr.
Peinture.	5 fr.
Cordages.	2 fr.
Mailloche	1 fr.

Donc, prix de revient 28 francs. On alloue 150 francs, soit 122 francs de bénéfice auquel il faut ajouter un soi-disant voyage à Paris, 9 fr. 25, plus une soi-disant journée perdue par lui, temps et nourriture, 12 fr. Total, 21 fr. 25, à ajouter aux 122 francs ci-dessus. Bénéfice net : 143 fr. 25.

Menu s'était mis à l'œuvre à quatre heures du matin, dans une chambre de derrière, où il s'était installé loin des regards indiscrets, et, tout d'abord, il avait reconnu l'insuffisance de son outillage propre à cintrer des mesures d'un décalitre *maximum*, mais non un fût d'une contenance de trois à quatre hectolitres. Il se rappela que Robinson avait vaincu de bien autres difficultés et ne douta pas d'un bon résultat. Seulement, au lieu de trois jours, il lui en faudrait huit au bas mot.

III

— Eh bien, lui demanda le lendemain le maire en entrant accompagné du clarinette-chef des pompiers, vous arrivez de Paris?

— A l'instant, monsieur le maire, c'est acheté.

— Est-elle belle?

— Oh! superbe.

— Et on l'aura quand?

— Mais dans quelques jours, je l'espère.

Puis il hasarda, en sondeur, l'éventualité d'un retard motivé par l'inexactitude notoire du fournisseur, fit remarquer, en outre, que Saint-Pothin est à plusieurs kilomètres de la gare et n'a pas de service d'omnibus.

— Mais, ajouta-t-il, en jetant cette fois une sonde volumineuse et décisive, on aura toujours bien l'instrument la veille de la fête, autrement on [le laisserait pour compte au marchand.

Le maire et le clarinette-chef bondirent.

— Comment la veille!

— J'ai dit ; Au plus tard.

— Mais les répétitions de la *Marseillaise*, vous n'y songez donc pas?

Le boisselier répondit qu'on pouvait toujours répéter sans lui, et il fit remarquer que la *Marseillaise* étant un chant guerrier, à la rigueur, quelques coups de mailloche mal à propos pourraient rappeler le bruit du canon, et ne feraient, par cette illusion, qu'ajouter à l'entraînement du rythme. Le clarinette-chef protesta contre cette addition à la pensée de Rouget de l'Isle; le maire défendit avec la même ardeur la glorieuse mémoire du grand artiste patriote, et il fut convenu que Menu irait à Paris, le jour même, mettre le marché à la main au luthier.

Le lendemain, nouvelle visite du maire, nouveau prétexte du boisselier pour expliquer un nouveau délai, et les jours suivants, c'était toujours la même répétition et jamais la répétition de la *Marseillaise*.

La raison en était que la grosse caisse allait bien lentement; à l'imperfection des outils, s'était ajoutée une commande importante et pressée, de boissellerie; la refuser, c'était s'exposer à perdre le meilleur client de la maison; prendre un ouvrier, c'était introduire chez lui un témoin de son travail de lutherie; il faisait tous ses efforts pour concilier les exigences du maire et celles du client; il était ahuri, perdait la tête, et les voisins commençaient à jaser, ne comprenant rien au changement d'humeur de Menu, autrefois jovial et bon enfant, aujourd'hui hérissé comme un coq en colère; ajoutez à cela qu'il n'était jamais à sa boutique, contrairement à ses habitudes et que c'était à Mme Menu, beaucoup moins accommodante sur les prix, qu'on avait affaire pour la vente, au grand mécontentement des acheteurs, qui, pour la plupart, s'en allaient, ne voulant acheter qu'au mari.

IV

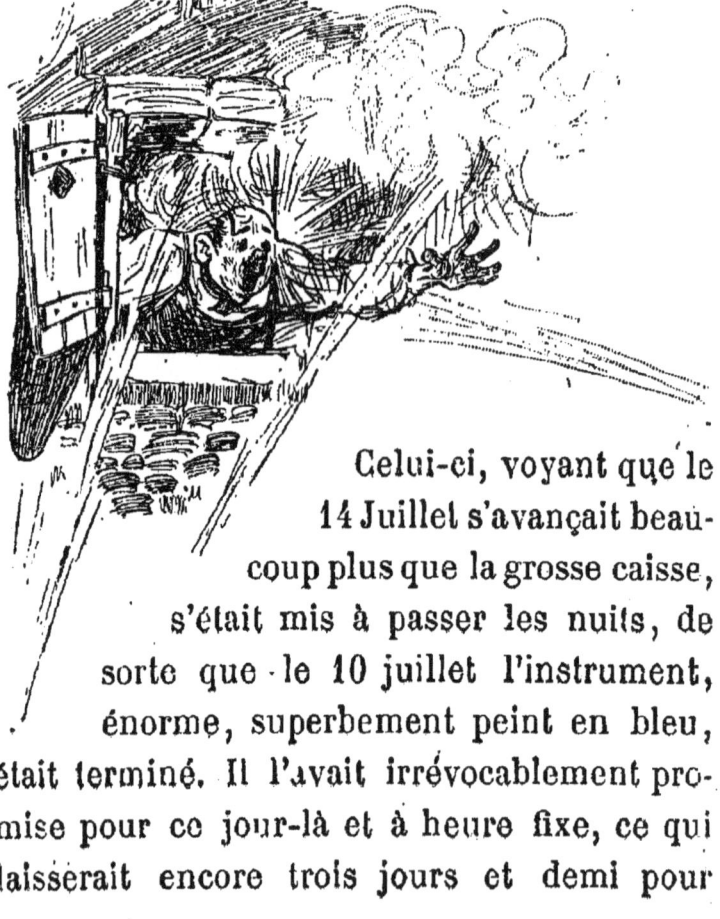

Celui-ci, voyant que le
14 Juillet s'avançait beaucoup plus que la grosse caisse,
s'était mis à passer les nuits, de
sorte que le 10 juillet l'instrument,
énorme, superbement peint en bleu,
était terminé. Il l'avait irrévocablement pro-
mise pour ce jour-là et à heure fixe, ce qui
laisserait encore trois jours et demi pour

répéter la *Marseillaise ;* malheureusement, peinte le matin même, il fallait laisser sécher la grosse caisse. Exposée au soleil de juillet, c'eût été l'affaire de quelques heures ; mais l'arrière-boutique était d'une humidité à faire éclore les cloportes et l'opération du séchage pouvait durer longtemps. Menu eut alors l'idée de faire un grand feu et d'y sécher l'instrument.

Tout à coup, pendant qu'il servait des acheteurs, en l'absence de sa femme, une épaisse fumée envahit la boutique et les clients s'élancent dans la rue en criant : « Au feu ! »

— Le feu !... et la grosse caisse est là, se dit Menu, littéralement fou. Il veut pénétrer dans la pièce incendiée, il est aveuglé par la fumée.

Le cri du client est répété de tous côtés et la panique se répand dans la commune : le feu est chez le boisselier, se disait-on. Aussitôt, les pompiers accourent, traînant une pompe qu'ils mettent en batterie, devant la maison du boisselier ; mais celui-ci avait déjà éteint le commencement d'incendie et, les

yeux hagards, criait à ses collègues :
Merci, mes amis, il n'y a plus rien. Cependant, la fumée continuant à sortir par la fenêtre de l'arrière-boutique, les braves pompiers braquent leur pompe en face de cette fenêtre et, lances en mains, ils inondent l'intérieur de la pièce. Menu avait beau leur crier : c'est inutile ! ils étaient venus pour pomper et ils pompèrent avec une rare conscience du devoir et de l'amitié.

La panique apaisée et chacun rentré chez soi, Menu reconnaît avec joie que la grosse caisse n'a pas été atteinte par le feu; mais elle avait été littéralement inondée par les lances. C'était tout un séchage à recommencer.

Désolé, mais non découragé, Menu emplit la cheminée de copeaux, place la grosse caisse à une faible distance de la flamme, la tourne, la retourne comme on fait d'une oie à la broche, et il ne tarde pas à constater les bons résultats du chauffage sur le caisson, que la peinture avait protégé contre l'inondation. Seule, la peau d'âne, amollie par les jets d'eau, résistait à la chaleur. Enfin, peu à peu, Menu la vit se tendre; il tapotait dessus, et elle commençait à résonner. Un bon quart d'heure encore, et elle aurait repris sa tension première, à laquelle il aidait, d'ailleurs, en serrant les cordages; plus il tapotait, plus le son devenait sonore.

— Dans dix minutes, se dit-il, j'irai prévenir le maire que la grosse caisse est arrivée.

Et il se mit en devoir de s'habiller.

V

Il ne lanterna pas; en un rien de temps, chemise et pantalon étaient passés; Menu était en train de lacer ses souliers, lorsqu'une explosion se fait entendre. Il court à son atelier et reste anéanti à la vue de la grosse caisse crevée. C'était la peau d'âne surchauffée qui, en éclatant, avait causé ce bruit formidable.

Des rumeurs bruyantes se faisaient entendre au dehors.

— C'est le gaz qui vient de sauter chez le boisselier, disait-on; courons chercher les pompiers! car personne n'osait entrer dans le lieu du sinistre.

A la menace d'une nouvelle visite des pompiers, Menu s'élance dans la rue; on l'entoure, on le questionne; il répond, avec un sourire étrange et inquiétant pour sa raison, qu'il ne sait ce qu'on veut lui dire; qu'il a bien entendu une explosion, mais qu'il assure ne pas savoir d'où elle part et ce qui l'a produite.

On courut décommander les pompiers et la situation fut sauvée encore une fois. Mais la grosse caisse dont Menu avait si formellement annoncé l'arrivée pour aujourd'hui!... Que faire?

Il trouva de nouvelles explications à de nouveaux retards, qu'il employa à remettre une peau d'âne au malheureux instrument, et, le 14 Juillet, à six heures du matin, la grosse caisse réparée, magnifique, était enfin montrée aux autorités municipales et aux pompiers, par Menu, revêtu de son uniforme.

Tous furent éblouis, se dirent qu'ils n'avaient pas perdu pour attendre, et qu'une pareille grosse caisse, 150 francs, c'était pour rien.

La fête ne commençait qu'à midi, on avait donc six bonnes heures pour répéter la *Marseillaise* : — Allons, mettez votre casque, dit le maire au boisselier, passez-vous votre instrument au cou et partons !

Menu radieux et triomphant s'empresse d'obéir :

— Partons ! dit-il.

Les curieux encombraient la rue pour voir la grosse caisse dont tout Saint-Pothin s'entretenait déjà.

On fait passer Menu devant, il veut sortir, la grosse caisse l'en empêche ; il se tourne de profil et rencontre le même obstacle.

— Qu'est-ce que cela signifie ? demande le maire ; si elle est entrée elle doit pouvoir sortir. Menu était stupéfait.

— Ah ! que je suis bête ! s'écrie-t-il ; j'oubliais qu'on l'a entrée par la fenêtre.

— C'est donc cela, disent les assistants.

Menu ôte la grosse caisse de son cou, se présente à la fenêtre, où un pompier placé au dehors devait la recevoir. Il la tourne dans tous les sens; elle ne pouvait pas plus sortir par cette voie que par l'autre.

Cette fois, notre boisselier comprit

qu'il était perdu : blême, anéanti, il avoua piteusement la vérité. L'aventure, aussitôt répandue dans la commune, y jeta une gaîté facile à comprendre et qui redoubla quand on sut qu'on laissait au luthier, de circonstance, sa grosse caisse pour compte.

Force fut donc de jouer la *Marseillaise* sans cet instrument et, comme l'exécution provoqua le plus vif enthousiasme dans tout Saint-Pothin, on continua, par la suite, à jouer l'hymne de Rouget de l'Isle sans y ajouter l'imitation d'une canonnade lointaine.

LE DUEL RAMONET

I

La façon de donner vaut mieux que ce qu'on donne, a dit le poëte; cependant, s'il s'agit d'un soufflet, la nuance est sans valeur pour celui qui l'a reçu, et, sur ce point, je ne crains pas d'être démenti par M. Ramonet. Je devrais plutôt dire : sur ce *poing*, car, un moment, la question fut agitée de savoir si M. Peignot avait la main ouverte ou fermée quand il l'a appliquée sur la figure de M. Ramonet, à la suite d'une discussion d'ailleurs sans intérêt pour le lecteur.

Cette voie de fait ayant été exercée en plein restaurant, en présence de leurs amis, MM. Glousseux et Monpâté, et de nombreux consommateurs, dont quelques journalistes, l'affaire était difficile à arranger. On le tenta cependant, non devant la galerie, bien entendu, le maître du restaurant ayant exprimé sa volonté de ne pas souffrir d'altercation dans son établissement, et ayant offert un cabinet particulier où ces messieurs pourraient s'expliquer, peut-être même se raccommoder, pensait-il, auquel cas ils y achèveraient leur dîner interrompu et arroseraient probablement la réconciliation de quelques verres de champagne.

C'est donc là que fut agitée la question que l'on sait :

— Messieurs, dit M. Glousseux, il me paraît à peu près impossible que vous en restiez là; mon ami Ramonet ne peut guère garder son soufflet sans en demander la réparation par les armes...

— Ou par la police correctionnelle, ajouta l'ami Monpâté, plus conciliant.

— Oui, s'écrièrent ensemble Peignot et Ramonet, avec une spontanéité qui trahissait leur préférence pour cette dernière satisfaction.

— J'allais y arriver, répliqua Glousseux, ce qui provoqua un soupir de satisfaction chez les parties en cause.

— Mais avant tout, il s'agit de savoir si M. Peignot est disposé à faire des excuses à mon ami Ramonet.

— Je les accepterais, sonda timidement celui-ci.

— Jamais! répondit Peignot, convaincu qu'il en avait pour 25 francs d'amende.

— Alors, continua Glousseux, puisque l'affaire ne peut pas s'arranger, il s'agit, avant tout, de savoir si M. Peignot a donné une gifle ou un coup de poing, ce qui est bien différent comme gravité.

M. Peignot, comprenant qu'il s'agissait de gravité de pénalité et craignant 100 francs d'amende et des dommages-intérêts, déclara hautement que c'était un soufflet.

— Moi, dit Ramonet, je ne sais pas, je n'y ai vu que des chandelles.

Glousseux reprit : Voici les principes en matière d'honneur : un soufflet exige une réparation sur le terrain ; un coup de poing est l'acte d'un rustre et ne mérite que la police correctionnelle ; tâchez de bien vous rappeler, messieurs.

Et les deux clients, se rappelant tout à coup, affirmèrent avec ensemble que c'était un coup de poing !

— Permettez-moi d'être d'un avis contraire, répliqua Glousseux ; le coup de poing est contondant et sourd ; la gifle rend un son clair et retentissant ; or, j'en appelle à M. Monpâté, le coup a-t-il fait pouf? ou clac?

— Je dois à la vérité, répondit Monpâté, de dire que j'ai entendu clac !

— N'insistez pas ! s'écria Glousseux en interrompant Ramonet dont les chandelles qu'il avait vues éclairaient décidément les souvenirs ; un coup de poing se donne de face, le soufflet exige le développement du bras dans un sens qui envoie nécessairement le coup sur la joue; or, votre joue gauche est rouge et enflée; donc c'est bien une gifle que vous avez reçue.

— C'est évident, confirma Monpâté.

— Or, continua Glousseux, M. Peignot ayant affirmé, avec une énergie qui ne suppose pas de retour, son refus de faire des excuses, il ne s'agit donc plus que de régler les conditions du combat.

— Mon Dieu, insinua Peignot d'un air conciliant...

— Après tout, risqua piteusement Ramonet...

— La discussion est close, messieurs, interrompit Glousseux, nous acceptez-vous comme témoins, M. Monpâté et moi?

— Préférez-vous en chercher d'autres? demanda Monpâté.

— Mais... heu... heu... non, répondirent les deux adversaires qui, en effet, ne semblaient pas avoir de préférences.

— Très bien; nous acceptons l'honneur que vous nous faites.

— Grosse responsabilité que nous assumons, messieurs, ajouta Monpâté, la vie de deux hommes en jeu...

— Et maintenant, reprit Glousseux, veuillez nous laisser régler l'affaire au mieux de vos intérêts.

II

Après quelques minutes de causerie à voix basse, Glousseux fit connaître en ces termes le résultat de la délibération : M. Ramonet ayant le choix des armes, monsieur et moi nous lui conseillons le combat à l'épée.

— Ah! à l'épée... balbutia Ramonet.

— A combien de pas? fit Peignot.

— Mais, dit Monpâté avec surprise, la question des pas n'existe que pour le pistolet et nous ne sommes pas partisans de cette arme, dont les résultats sont terribles ou nuls, qui estropie, tue ou rend ridicule.

— Tandis, observa Glousseux, que l'épée tue plus rarement, mais blesse toujours.

— Et dans l'un comme dans l'autre cas, ajouta Monpâté, les adversaires ne sont pas ridicules.

— Surtout dans le premier cas, semblaient se dire les deux patients.

Glousseux déclara qu'il se chargeait des épées et Monpâté qu'il amènerait le médecin.

— Ah!... il y aura un médecin! murmurèrent Peignot et Ramonet.

— Oui, avec une boîte de secours : charpie, bandes de linge, sels et cordiaux en cas d'évanouissement, répondit Monpâté; soyez tranquilles, ne vous occupez de rien.

— Pas même de venir nous prendre à Paris, dit à son tour Glousseux, car vous habitez Versailles, vous nous trouverez au lieu et à l'heure dont nous allons convenir.

A ce moment, entra le maître du restaurant : Une société demande un cabinet, dit-il, celui-ci est le seul qui reste, et à moins que ces messieurs ne se fassent servir à dîner...

— Nous le quittons, répondit Glousseux.

Puis, s'adressant aux deux adversaires : Bravo, messieurs! vous avez compris qu'après un scandale public, devant des journalistes qui pourraient vous blaguer dans leurs journaux, le sang seul peut arrêter leur verve satirique. Suivez-moi!... traversez cette foule attablée, témoin de l'outrage, la tête haute, en gens qui savent ce que c'est que le point d'honneur. Sortons, messieurs!

— Est-ce qu'il n'y a pas un petit escalier conduisant à la rue? demanda mélancoliquement Ramonet.

— L'entrée des salons? ajouta Peignot.

— Si, messieurs; si, parfaitement, par ici.

Et, au lieu de traverser la salle, la tête haute, ils descendirent le petit escalier la tête basse.

III

Le lendemain, à dix heures moins un quart, une voiture s'arrêtait à quelques mètres de l'endroit convenu pour le combat; de cette voiture, descendaient les deux témoins du duel et le médecin, celui-ci muni de sa boîte de secours. Glousseux cachant les épées sous son paletot :

— Vous resterez ici à nous attendre, dit-il au cocher. Et les trois personnages s'éloignèrent.

Après quelques minutes de marche, ils s'arrêtaient; ils étaient arrivés.

Le docteur était un petit homme jovial, boute-en-train, boulot et rubicon, possédant, au plus haut point, le caractère de Cadet-Roussel et aussi sa chevelure; habitué à prêter son office dans ces sortes d'affaires terminées presque toujours par une piqûre sans gravité, il ne voyait, au fond de toute rencontre, que le déjeuner du raccommodement.

— Messieurs, dit-il, en ramenant sur son crâne ses trois cheveux obstinément hostiles au rassemblement, je vous ai conseillé cet endroit parce que je le connais; la maison du garde où l'on mange, ma foi, fort bien, où il y a basse-cour peuplée, vivier poissonneux et vins excellents, cette maison est à quelques minutes de voiture d'ici; nous sommes en avance d'un quart d'heure; je vais aller faire plumer les canards et commander la friture, en attendant les deux champions. Aimez-vous le canard?

— Beaucoup, dit Monpâté; mais s'ils arrivent en votre absence?

— Qui, les canards? demanda le docteur, tout à son menu.

— Non, les deux champions.

— Nous ne pouvons pourtant pas les faire attendre votre retour, ajouta Glousseux.

— Eh bien! ils commenceront sans moi; comment les aimez-vous : rôtis, fricassés ?

— Fricassés, fit Monpâté; mais s'ils s'embrochent sans vous?

— Je ferai la recommandation au garde, répondit le docteur, se méprenant : aux navets? aux petits pois? Moi, ça m'est égal.

On ramena le docteur à la question, et, apprenant que c'était de l'embrochage éventuel des combattants qu'il s'agissait :

— Oh! c'est bien rare, dit-il... à moins

que vous ne redoutiez de leur part une grande impétuosité.

Les deux témoins n'osèrent pas affirmer une crainte exagérée à ce sujet. Glousseux se borna à cette déclaration :

— Je connais Ramonet, il est capon, mais il a du cœur; et, de son côté, Monpâté dit nettement que Peignot, au contraire, était très crâne, mais n'avait pas de cœur pour deux sous.

— Vous voyez, docteur, conclut Glousseux, que la rencontre peut avoir de funestes résultats.

— Aucun avec le moyen pratiqué par les tireurs connus sous le nom de *Dividendes de Panama*, parce qu'on ne les touchera jamais. Puis, se rappelant : Ah! il y a des anguilles; aimez-vous la matelote d'anguilles?

— Je l'adore, dit Glousseux.

— Avec des petits oignons et des croûtes, dit Monpâté, et il ajouta : Mais ce moyen?

— Un moyen?... quel moyen?

Le bon docteur n'y était plus; on le rappela de nouveau à la question.

— Ah! c'est juste, dit-il, j'oubliais; c'est bien simple : toujours parer et rompre.

— Parfait! mais s'ils rompent tous les deux?

— Eh bien! le danger est écarté; allons, c'est entendu.

Et il se mit à fredonner ce fragment du *Chalet :*

C'est entendu,
C'est convenu.

Friture, matelote d'anguilles, canards... à bientôt, messieurs !

Et il sortit en reprenant son refrain.

IV

Le bruit de la voiture, lancée à grande vitesse, s'éteignit bientôt, et les deux témoins restèrent seuls.

— Il est rigolo, ce diable de docteur, dit Monpâté.

— Il n'y a pourtant pas de quoi rire, répondit Glousseux; un malheur est vite arrivé.

— En rompant toujours, il ne peut pas arriver bien vite, observa sagement Monpâté.

Glousseux regarda à sa montre :

— L'heure moins cinq, dit-il.

— Vous avancez, monsieur Glousseux.

— Soit, attendons.

Et Glousseux regarda au loin.

Et ils attendirent cinq minutes, dix minutes, un quart d'heure, et toujours rien ! Glousseux, très agité, marchait comme un myriapode. Monpâté, lui, ayant trouvé une occupation d'une durée indéfinie : celle d'enflammer une allumette pour allumer son cigare, s'impatientait uniquement contre la régie.

Glousseux, enfin, s'arrêta brusquement ; puis, s'approchant de Monpâté et lui plaçant sa montre sous les yeux :

— Un quart d'heure, dit-il.

— Ça ne m'étonne pas, grinça Monpâté, en frottant avec rage une nouvelle allumette, et il m'en faudra peut-être encore autant avant d'avoir du feu... Bon, cassée... c'est la quinzième.

— Ah ! c'est contre les allumettes que vous vous impatientez, monsieur Monpâté ?

— Il n'y a peut-être pas de quoi ?

Et notre témoin frotta fiévreusement deux,

trois, quatre allumettes à la fois; toute la boîte y passa en un instant.

— Et mon cigare n'est pas allumé! hurla-t-il.

— Et votre client n'est pas arrivé, fit sarcastiquement Glousseux.

— Eh bien! et le vôtre?

— Le mien... il est en retard, voilà tout; et soyez sûr, monsieur Monpâté, qu'il donnera, de ce retard, une explication satisfaisante.

— Le mien aussi, monsieur Glousseux.

Glousseux esquissa un geste de doute :

— Tous deux, dit-il, ayant un empêchement, ce serait bien invraisemblable.

— Je suis de votre avis, monsieur Glousseux... Comment, il ne passera personne pour me donner du feu?

— Eh bien! alors, pourquoi ne serait-ce pas M. Ramonet qui a l'empêchement?

— Pourquoi ne serait-ce pas M. Peignot, répliqua Monpâté, en regardant au loin; puis, jetant un cri de joie : — Ah! enfin!

— Ce sont eux? demanda Glousseux avec empressement.

— Non, c'est un monsieur qui porte un chevalet et une boîte; un peintre, voilà mon affaire!

Et il sortit, en appelant :

— Eh! monsieur?

V

Bientôt, Monpâté revenait exaspéré :

— Il ne fume pas, le misérable ! criait-il, l'infâme barbouilleur ! il ne fume pas !

Et, comme Glousseux, il se mit à arpenter le terrain avec une agitation croissante ; celui-ci s'arrêta, regarda à sa montre :

— Vingt minutes de retard ! ah ça ! est-ce qu'on se fiche de nous ?

— On ! on !... qui, on ? ce n'est certes pas Ramonet.

— Eh ! votre Ramonet... laissez-moi donc tranquille ! qui sait si Peignot n'a pas été renseigné sur le compte de ce monsieur ? qui me dit qu'on peut se battre avec lui ?

— Moi je vous le dis, monsieur Monpâté, et, à moins que vous ne suspectiez mon honorabilité...

Monpâté protesta contre une pareille pensée, déclara à Glousseux qu'il le tenait pour un galant homme ; mais, ajouta-t-il, on se lie si aisément aujourd'hui !... on entame connaissance au café, on fait le bésigue ensemble pendant trois jours, en fumant sa pipe (*rageant*), on fume, on est heureux.... et on devient amis... Sale régie !

— Permettez ! Ramonet est mon ami d'enfance ; je ne l'ai jamais perdu de vue et je réponds de lui.

— Comme honnêteté, soit, mais comme bravoure...

— Eh ! vous en revenez toujours à lui, et je suis convaincu, moi, que, pendant que nous nous morfondons, votre client est bien tranquillement au coin de son feu, dans un bon fauteuil.

— Et le vôtre sur une chaise percée.

— Monsieur !... je ne souffrirai pas...

— Enfin, il reçoit des gifles et il les empoche; qu'est-ce que vous voulez que je vous dise?

— Et M. Peignot, qui les donne à des gens moins forts que lui, sans moi, aurait fait des excuses.

— Pardon, monsieur Glousseux, M. Peignot a répondu un — jamais! énergique à votre question d'excuses.

— Oui, d'abord, quand il a cru à la réparation en police correctionnelle, proposée par vous, comme un encouragement à sa couardise.

— Ah! permettez, monsieur, voilà des paroles...

— Quoi?... est-ce vrai! oui ou non? avez-vous proposé la police correctionnelle? ce qui est, entre nous, se montrer un peu trop pacificateur.

— En tous cas, monsieur Glousseux, c'est un rôle que je préfère à celui de matamore.

— Est-ce une critique à mon adresse? prenez garde! elle pourrait me donner à penser que vous entendez mal les questions de dignité.

— Je crois les entendre aussi bien que vous, monsieur Glousseux; seulement, je ne suis pas de l'école de certains spadassins plus ardents, peut-être, à exposer la peau des autres, qu'à payer de leur propre personne.

— Si c'est pour moi que vous dites cela, je suis homme à vous prouver le contraire, monsieur Monpâté.

— Et moi, homme à demander la preuve, monsieur Glousseux.

— Je vous la donnerai quand il vous plaira, monsieur.

— Il me plaît tout de suite, monsieur.

— Parfait! je me sentais refroidir; ces épées commencent à se rouiller à l'air humide de ce bois.

—Nous allons donc les dérouiller, monsieur.

En un instant nos deux gaillards eurent mis habit bas et saisi les épées.

VI

A ce moment, arrivaient Ramonet et Peignot, bras dessus, bras dessous, et en causant amicalement :
— ce bon Peignot !
— cet excellent Ramonet ! puis, apercevant les deux combattants :

— Hein ! quoi ! s'écrie Ramonet.
— Ils se battent ! dit l'autre. Et tous deux de crier : — Arrêtez ! arrêtez !

Glousseux et Monpâté s'arrêtent à ce cri.

Le premier, alors, frappant sur l'épaule de son client : Le voilà, monsieur Monpâté, dit-il, le brave que vous accusez de n'avoir pas de cœur.

— Pas de cœur ! moi ?

Et Ramonet eut le geste du Cid, répondant....

.....? Tout autre que mon père L'éprouverait sur l'heure.

— Le voilà, dit à son tour Monpâté, en montrant Peignot, celui que vous accusez de couardise.

Peignot eut un sourire de

superbe dignité : — Ce n'est pas sérieux, fit-il.

Et Glousseux, brandissant son épée :

— Je vous attends, monsieur Monpâté, dit-il.

— A vos ordres, monsieur Glousseux.

Et les deux adversaires reprirent le combat.

— Vous ne pouvez pas vous battre sans témoins, leur crient Peignot et Ramonet.

— Vous nous en servirez, répondent les deux enragés bretteurs.

— Vous étiez les nôtres, fit Ramonet, à charge de revanche; veux-tu être témoin, Alfred?

Et Alfred répondit d'un air crâne :

— C'est un devoir auquel je ne me soustrairai pas, Ernest, et, voyant l'acharnement de leurs clients:

— Pas de corps à corps, messieurs! cria-t-il d'une voix tonnante.

— Ni de parade de la main gauche! ajouta énergiquement Ramonet.

A ce moment revient le docteur :

— Ils sont aux navets! dit-il en entrant. Puis, voyant les combattants aux prises :

— Ah! très bien, on a commencé sans moi;

dépêchez-vous, messieurs, le déjeuner est en train; les casseroles chantent, les broches tournent, ça fait plaisir à voir... Eh! là-bas... parez et rompez!... mais rompez-donc, sapristi!... Puis, s'adressant aux deux spectateurs : Vous ne leur avez donc pas recommandé...? Et il resta stupéfait devant deux figures inconnues... mais qui donc se bat? demanda-t-il.

— C'est nous qui devions nous battre, dit Peignot.

— Oui, ajouta Ramonet, et ces messieurs qui se battent devaient être nos témoins; alors nous étant réconciliés, Alfred et moi...

Le docteur n'écoutait plus.

Il s'était élancé vers les deux champions, à qui son arrivée n'avait fait perdre ni une botte ni une parade :

— Arrêtez! leur cria-t-il.

Mais ils n'entendent rien — comme Étéocle et Polynice :

Dans le sein l'un de l'autre ils cherchent un passage.

— A moi, messieurs! crie le docteur

éperdu; ils vont se traverser d'outre en outre; séparons-les!.

Mais Peignot et Ramonet, absorbés dans leur admiration pour les deux braves, ne l'entendaient pas. Le corps à corps, qu'ils avaient interdit, s'était produit; et l'exclamation inquiète du docteur les tira enfin de leur extase.

On se jeta sur les deux enragés duellistes; le docteur tenta d'enlacer Glousseux, mais son ventre proéminent et ses bras courts l'empêchaient de l'étreindre solidement, et Glousseux ne reculait pas d'une semelle.

Quant au pacifique Monpâté, c'était un mouton enragé, et il fallut se mettre à deux pour l'écarter de son adversaire, dont il semblait vouloir faire un hachis.

A la demande du docteur, on lui expliqua les causes de ce duel aussi acharné qu'imprévu et le changement de rôles des deux autres personnages.

Et lui éclata de rire : — J'ai vu bien des combats singuliers, dit-il, mais aucun d'aussi singulier que celui-ci.

— L'honneur est satisfait! dit Peignot.

— Sur toute la ligne, ajouta Ramonet; n'est-ce pas, Alfred?

— Oui, Ernest.

Et ils se serrèrent la main.

Ce fut au tour des témoins de rire aux éclats.

— Comment, dit Glousseux, nous allions nous couper la gorge pour ces deux poltrons!

— Pour ces deux couards! ajouta Monpâté.

— Permettez! dirent ceux à qui ceci s'adressait...

— Nous ne vous permettons qu'une chose, dit Monpâté : c'est de payer le déjeuner.

— Et cent francs à moi, pour mon assistance, ajouta le docteur.

— Mais vous ne nous avez pas assistés, dirent-ils.

— Alors, messieurs, je suis prêt ; le linge, la charpie vous attendent ; habit bas et en garde ! Que je me sois dérangé pour rien ou pour quelque chose, c'est le même prix.

— Ça ne fera toujours que chacun cinquante francs, dit Ramonet ; ça te va-t-il, Ernest ?

— Comme tu voudras, Alfred.

— Allons, messieurs, dit le docteur, tout le monde est réconcilié ; le déjeuner nous attend ; en route !

OSCAR LE PARIEUR

OSCAR LE PARIEUR

I

La mère d'Oscar, deux mois avant qu'il vînt au monde, avait parié pour une fille, par cette unique raison qu'on croit toujours ce qu'on désire ; elle perdit son pari. Son désir déçu n'étant autre chose qu'une envie non satisfaite, l'enfant en fut marqué, comme il advient généralement, et les premiers mots qu'il balbutia furent cette réponse à sa mère qui lui demandait, en lui montrant un objet enveloppé :

— Qu'est-ce qu'il y a là-dedans pour Cacar ?

— Ze parie que c'est du bonbon.

C'était un joujou.

Oscar commençait comme il devait finir : toute sa vie, ce garçon eut la manie du pari et la bosse du guignon, si bien qu'à un âge très avancé, il paria qu'il vivrait quatre-vingt-sept ans et mourut à quatre-vingt-six.

On s'étonnera, certainement, d'un pari sans résultat pour lui s'il l'eût gagné, puisqu'il lui eût fallu être mort pour en recueillir le bénéfice ; mais on est parieur ou on ne l'est pas, et si on l'est, on parie moins pour le gain que pour la gloire.

Un homme qui a passé sa vie à perdre à cette variété du jeu aurait dû être heureux en amour ; la vérité est que sa réputation de joueur le fit éconduire par sept ou huit pères de filles à marier, ce qui nous prouve bien que si on s'en rapportait aux proverbes, on cirerait soi-même ses parquets et on ramonerait ses cheminées, pour dire, avec la sagesse des nations, qu'on n'est jamais si bien servi que par soi-même.

Mais comme il faut pourtant faire une fin, Oscar, arrivé à l'âge de cinquante-six ans, se décida pour une riche veuve qui avait vu fleurir quarante-trois fois les lilas. Malheureusement, il apprit, un jour, qu'il avait un concurrent, un nommé Pontauxchoux; une explication eut lieu entre les deux candidats à la main de Mme Flanquin (la veuve à consoler). Pontauxchoux déclara hautement que ses affaires étaient en bonne voie, Oscar affirma que les siennes n'y étaient pas moins; Pontauxchoux, alors, de s'écrier :

— Eh bien ! monsieur, nous règlerons la question sur le terrain !

Oscar se met à rire :

— Un duel! dit-il... à notre âge !... pour une veuve de quarante-trois ans !... ce qu'on nous blaguerait !... Passe encore si nous en avions vingt-cinq et si l'amour était de la partie, mais ni vous ni moi ne sommes amoureux; nous avons atteint l'âge où l'isolement devient pénible; nous avons des rhumatismes.

— Je n'en ai pas ! interrompit Pontauxchoux.

— C'est un avantage que vous avez sur moi.

— J'en ai d'autres !

— Eh bien, tenez, vous indiquez, vous-même, le terrain du seul combat possible entre gens d'esprit.

— Expliquez-vous, monsieur !

— Je m'explique : ces avantages que vous avez le bonheur de posséder, servez-vous-en

pour l'emporter sur moi ; de mon côté, j'agirai de mon mieux pour vous supplanter. Faisons-nous la guerre, mais la bonne guerre, la guerre loyale ; pas de trahisons, pas de pièges, pas de calomnies ; je vous tiens pour un galant homme, je vous demande d'avoir de moi la même opinion et de reconnaître que le moyen que je vous propose vaut mieux que celui qui ferait rire à nos dépens les lecteurs de journaux.

Cette réflexion frappa Pontauxchoux.

— Au fait, dit-il, vous avez peut-être raison.

— Alors, c'est convenu ?

— C'est convenu.

— Il est bien entendu que nous ne nous trouverons jamais ensemble chez notre veuve ?

— Excepté à ses soirées.

— Naturellement; à quelle heure vos visites ?

— A trois heures.

— Très bien, je me présenterai à quatre heures ; au revoir, cher monsieur Pontauxchoux; enchanté d'avoir fait votre connaissance.

— Ravi d'avoir fait la vôtre.

Il ne leur manquait plus que de faire celle du capitaine en retraite Brabançon, chevalier de la Légion d'honneur, qui les avait devancés dans le désir de succéder à feu Flanquin, ce qu'ils apprirent plus tard, comme on le verra tout à l'heure.

II

La veuve Flanquin était une excellente femme, rieuse, boute-en-train, indulgente, dès lors, ennemie de la médisance et des cancans, en quoi il y avait eu incompatibilité d'humeur entre elle et son mari, homme tatillon, potinier, tenace sur les détails oiseux et qui, sans méchanceté aucune, eût fait, de sa compagne, une cliente de M. Pasteur, si elle eût eu le système nerveux impressionnable. La fin prématurée de ce tourmenteur inconscient ne pouvait guère donner, à l'admiration du monde, une nouvelle veuve Mausole, ce larmoyant modèle de douleur opiniâtre et de deuil obstiné, et le capitaine avait remarqué avec plaisir que la survivante n'avait conservé, comme souvenir du défunt, que son rasoir.

Elle avait beaucoup ri de cette remarque, car elle n'avait jamais songé, en gardant cette relique, à l'allusion qu'on en pourrait tirer et que Brabançon avait pu se permettre comme ayant reçu de la veuve sinon un assentiment à ses propositions matrimoniales, qu'elle ajournait à une plus parfaite connaissance, du moins beaucoup d'espoir et la permission de faire sa cour.

Aussi quand, un jour, Oscar, et un autre jour Pontauxchoux, se déclarèrent à leur tour à la veuve, celle-ci put-elle leur répondre que, bien que libre d'engagements, elle ne devait pas leur dissimuler que sa main était déjà recherchée; de sorte que lorsqu'ils se rencontrèrent et découvrirent leur rivalité, Oscar crut, tout naturellement, que la veuve avait fait allusion à Pontauxchoux et celui-ci qu'elle parlait d'Oscar, et comme, avec son excellent cœur, la bonne Flanquin n'avait pas eu le courage de leur ôter toute espérance, ils avaient pu se dire mutuellement et avec conviction que leurs affaires étaient en bon chemin.

III

Pas de trahison! Pas de perfidie! Nous ne ferons que des choses de bonne guerre. Telles étaient, on se le rappelle, leurs conventions. Acheter la femme de chambre pour qu'elle surveillât les visites des deux rivaux et leur en rapportât les détails, il n'y avait là aucune infraction à l'engagement pris. L'honnête fille reçut donc des deux mains, écouta aux portes et rapporta en conscience ce qui s'était passé; Oscar fut mis ainsi chaque jour au courant des faits et gestes de Pontauxchoux, lequel fut également informé des faits et gestes d'Oscar. Quand celui-ci avait, la veille, offert, à la veuve, un faisan qu'il avait, disait-il, tué lui-même, l'autre envoyait un superbe brochet provenant, disait-il, de sa pêche. Bref, chacun d'eux avait quotidiennement une nouvelle attention à son actif, ce qui ne changeait absolument rien à leur situation respective.

S'étant rencontrés à une soirée donnée par l'objet de leur mutuelle convoitise, soirée ayant pour but une surprise réservée par l'hôtesse à ses invités, ils causèrent de leur situation et furent d'accord pour reconnaître qu'il fallait en finir ce soir-là même. — Mais comment? demanda Pontauxchoux.

Oscar, que sa manie héréditaire n'avait jamais abandonné, proposa un pari :

— Celui, dit-il, qui ne pourra pas faire ce

qu'aura fait l'autre, abandonnera loyalement la lutte et se retirera.

— J'accepte, répondit Pontauxchoux.

Et tous deux cherchèrent dans leur imagination, surexcitée par le désir de la victoire, une expérience qui mît fin à une rivalité sans issue.

IV

Oscar trouva le premier. Avisant une vieille dame bossue, vouée à faire tapisserie, il l'invita à polker et exécuta, avec elle, cette danse polonaise, aux rires, difficilement contenus, de la galerie, à qui la bonne Flanquin ne cessait de répéter :

— Mesdames, messieurs, de grâce, ce brave monsieur s'est dévoué, ne raillez pas sa belle action.

Et le galant cavalier voltigeait, faisait des grâces et adressait des sourires à sa dame, ravie d'une bonne fortune qu'elle croyait fermement ne jamais retrouver.

Si elle avait su qu'il y avait un pari engagé, elle ne se serait pas dit cela.

Oscar l'avait reconduite à sa place et regardait Pontauxchoux d'un air narquois qui semblait dire : Fais-en autant si tu l'oses !

Il osa et, résolument, il invita la vieille dame pour la valse, dont le prélude se faisait entendre. Mise en goût par la polka, elle ne se fit pas prier et exténua son cavalier qui, observé par son rival devenu inquiet, n'osait pas demander grâce et ne s'arrêta qu'au dernier accord du piano.

Il n'y avait encore rien de fait ! qu'imaginer ?

V

Oscar eut une idée triomphante; danseurs et pianistes prenaient un quart d'heure de repos; il offrit, à la société, de faire un concours dans le genre de celui de la *Belle Hélène*.

Des bravos unanimes accueillirent cette proposition.

— Moi, je suis prêt, ajouta-t-il, mais pour qu'il y ait concours, il faut être au moins deux.

Et désignant Pontauxch'oux :

— Monsieur voudrait-il être mon concurrent? demanda-t-il, et il se disait à part : Te voilà collé, mon gaillard.

Eh bien! non, Pontauxchoux accepta, et le concours fut ouvert aux frémissements joyeux de l'auditoire.

On commença par les bouts rimés ; les deux rivaux s'en tirèrent à succès égal.

— Nous allons passer aux charades, dit alors Oscar; l'un composera, l'autre devinera ; acceptez-vous, monsieur ?

— Parfaitement, monsieur.

On tira à qui commencerait; ce fut Pontauxchoux que le sort désigna. Il médita quelques instants, puis dit :

— Voilà! mon premier est un oiseau bavard; mon deuxième est un animal carnassier et mon tout rend les collégiens malades.

Tous les assistants se mirent instinctivement à chercher le mot et on entendait le murmure des bouches répétant la charade. Pontauxchoux regardait, d'un air ironique, Oscar plongé dans ses réflexions et commençait à se dire, avec la galerie : Il ne trouvera pas !

Mais Oscar, levant tout à coup la tête, s'écria :

— J'ai trouvé !

Un grand silence se fit :

— Mon premier, dit Oscar, est un oiseau bavard : pie.

Tout le monde l'ayant trouvé, ceci n'eut aucun succès. Oscar continua :

— Mon deuxième est un animal carnassier : panthère. Mon tout rend les collégiens malades : pipe en terre.

La société ne comprit pas d'abord ; puis des voix s'écrièrent :

— Ah ! pie ! panthère !

Et des bravos chaleureux saluèrent le triomphateur. Pontauxchoux était atterré.

— A vous à deviner, monsieur ! dit alors Oscar.

Et il posa la charade suivante :

— Mon premier n'est rien du tout.

— Ah ! il sera difficile à trouver, ce mot-là, dit tout le monde en riant.

Oscar continua :

— Mon deuxième est un article de bureau et mon tout sert en temps de carnaval. — Si tu devines celle-là! pensa Oscar.

Et ici encore, toutes les têtes de méditer, toutes les lèvres de murmurer.

Pontauxchoux, l'esprit à la torture, la face apoplectique, ne trouvait pas; enfin, il s'écria :

— Je l'ai! à la grande stupéfaction d'Oscar.

— Ah! fit la galerie, frémissante.

Pontauxchoux continua :

— Mon premier n'est rien du tout : néant! mon second est un article de bureau : carton! mon tout sert en temps de carnaval : nez en carton!

Un éclat de rire accompagné de battements de mains frénétiques salua la trouvaille.

VI

SCAR, nerveux, agacé de ne pouvoir remporter un seul avantage, se décide à frapper un coup définitif; s'adressant à Pontauxchoux, dont les regards le narguaient :

— Je parie, lui dit-il, que vous ne ferez pas ce que je vais faire?

— Je tiens, répondit Pontauxchoux.

— Et moi, je te tiens, pensa Oscar.

Et la galerie, anxieuse, de se demander : Que va-t-il faire ?

Voici ce qu'il fit : il mit sa main sur le sommet de sa tête, y saisit une poignée de ses magnifiques cheveux blonds, à l'existence desquels il avait toujours laissé croire, et découvrit son crâne poli comme un œuf d'autruche ; il portait perruque !

— Faites-en autant ! dit-il à Pontauxchoux.

On juge de l'effet produit sur la société ; tous les visages se tournèrent vers Pontauxchoux, dont la stupéfaction était complète ; il ne s'attendait pas à cela.

— Eh bien, voyons, monsieur, dit Oscar, faites-en autant ou déclarez-vous vaincu.

— Vaincu, moi ! hurla Pontauxchoux, jamais ! et, dans un mouvement de rage, il retira également une perruque que personne ne soupçonnait.

Les rires redoublèrent avec une nouvelle intensité ; on se tordait, et les visages ahuris des deux malheureux rivaux ne contribuaient pas pour peu à cette gaîté frénétique ; puis, tout le monde frappé de la même idée, la société s'écria en chœur :

— Ah ! c'était la surprise !

On se rappelle que la maîtresse de la maison avait promis une surprise à ses invités. Voyant qu'on se méprenait :

— Non, mesdames ; non, messieurs, dit-elle, ce n'est pas la surprise que je vous ménageais ; le moment est venu de vous la faire.

Prenant alors par la main le capitaine Brabançon :

— Je vous présente mon mari ! dit-elle.

Ce dénouement, après tant d'efforts et la révélation de sa calvitie, corrigea-t-il Oscar de son habitude ? Il n'aurait pas fallu lui dire non, il vous eût parié qu'il ne parierait plus jamais.

LE NAIN

I

Si, à la soirée dansante de M. Pinsonnet, riche bourgeois de mœurs rigides, on eût dit, aux belles invitées, le secret du spectacle-intermède auquel elles assistaient, elles auraient jeté de beaux cris! Mais qui le leur aurait dit? Le maître ou la maîtresse de la maison? Ils l'ignoraient eux-mêmes. Les acteurs? Ils avaient fait, de leur propre silence, la condition de leur concours : l'exhibition d'un nain aux regards de la société; pas un fantoche, une marionnette, un automate; non, un être vivant, un phénomène en chair et en os.

Il n'avait pas été introduit clandestinement, le domestique qui ouvrait la porte aux assistants l'aurait vu; d'ailleurs, où l'aurait-on caché? Toutes les pièces de l'appartement étaient ouvertes et pleines de monde. M. et Mme Pinsonnet avaient donc affirmé à leurs invités qu'il n'y aurait aucune supercherie et que les joyeux compagnons, heureux de les amuser, se borneraient à mettre en œuvre un *truc* des plus singuliers.

Vous ai-je dit qu'ils étaient trois? Non? Eh bien, je vous le dis, ils étaient trois : un peintre, un gros garçon premier prix d'architecture et un simple amateur chargé de la description du phénomène.

L'architecte, nommé Batavieux, était ce qu'on appelle, dans le monde artiste, un *épateur de bourgeois;* très recherché dans les salons comme *farceur à faire rire les pierres,*

il stupéfiait les moins naïfs par le sérieux qu'il apportait à l'émission des bourdes les plus colossales; il racontait gravement, par exemple, qu'il avait vu, aux environs de Rome, un palais de deux kilomètres de long, sur quatre-vingt-cinq centimètres de profondeur, que son propriétaire, après s'être ruiné à le construire, avait renoncé à habiter, comme étant trop difficile à meubler.

Batavieux, sollicité par un ami commun d'honorer de sa présence la soirée de M. et Mme Pinsonnet, hésitait à accepter ; mais ses deux camarades étant présents à la démarche, l'ambassadeur des Pinsonnet crut devoir les inviter aussi, ce qui décida Batavieux à donner une réponse favorable.

L'intermédiaire parti :

— Alors, dit le peintre, tu vas montrer tes petits talents de société aux invités de M. Pinsonnet?

— Moi! répondit-il, je leur montrerai quelque chose, oui; et il leur dit quoi, puis il ajouta : voilà ce que je leur montrerai. Làdessus, il expliqua le truc du nain, aux rires incrédules de ses deux auditeurs. — Vous croyez que je plaisante? fit-il, eh bien, si vous voulez m'aider, je parie un bon souper que e leur montrerai... le nain.

Et la gageure fut acceptée.

II

Voila comment, vers une heure du matin, M. et Mme Pinsonnet allaient offrir à leurs invités un intermède pour varier la petite fête et permettre aux danseurs des deux sexes de prendre de nouvelles forces pour le cotillon qui devait la terminer.

Les exhibiteurs du nain avaient fait, du divertissement, une œuvre de charité et chaque spectateur devait donner deux sous, pour le total de la recette être joint aux secours à envoyer aux inondés du Midi.

Une des pièces de l'appartement fut évacuée et nos loustics s'y enfermèrent avec quatre accessoires par eux demandés : un rideau de fenêtre, un châle, un paravent et un cor de chasse qu'ils avaient vu accroché dans l'antichambre.

Et les conversations allaient leur train, sur le thème d'opéra-comique :

Quel est donc ce mystère ?

Personne n'eût osé écouter à la porte ; d'ailleurs, M. Pinsonnet veillait à ce qu'on n'en approchât pas. La femme de chambre, elle, n'hésita pas à coller son oreille à une porte de communication, hors de vue de la société, et, avec force attention, car on parlait à demi voix, elle saisit au vol les mots suivants :

— Tu ne pourras pas jouer du cor de chasse.
— Pourquoi ?
— Parce que tu seras courbé en double !
— Eh bien ! à cheval dessus, j'aurai l'em-

bouchure aux lèvres, et le pavillon sera du côté de la société!

Ici un silence troublé seulement par des frôlements d'étoffes; puis des phrases entrecoupées arrivèrent aux oreilles de la curieuse : — peins-moi des yeux — faux nez — fausse barbe — châle roulé en turban — le placer au bas des reins, au-dessus des yeux peints — draperie avec le rideau — bien cacher les jambes — commençons — frappe les trois coups.

A ces derniers mots, l'indiscrète soubrette s'esquiva en étouffant un éclat de rire (car elle avait tout compris), et s'introduisit dans le salon, sous prétexte de passer des rafraîchissements, mais, en réalité, pour voir le phénomène dont elle avait, maintenant, l'explication.

III

es trois coups avaient été frappés et chacun se précipitait curieusement vers la porte qui

allait s'ouvrir; sur une chaise, près de cette
porte, était déposé un plateau destiné à recevoir les pièces de deux sous :

— Mesdames, messieurs, criait M. Pinsonnet, ne nous bousculons pas, nous avons le
temps, et, d'abord, tenez prêts vos deux sous
pour les jeter dans le plateau en passant;
maintenant, tous à la queue leu leu, pour défiler tranquillement et en bon ordre, deux par
deux, tout le monde verra à son tour. Vous y
êtes?... oui; allons, avancez!

Par galanterie, honneur aux dames!

Et les dames commencèrent le défilé.

Les premières s'arrêtèrent stupéfaites à la
vue du phénomène : c'était bien un nain qu'on
offrait à leurs regards, ou plutôt, un monstre
d'environ 70 centimètres de hauteur, sur une
largeur à peu près égale, à la face ronde et
colossale, aux yeux immobiles, au nez démesurément long, à la barbe immense; cette face
invraisemblable était surmontée d'un turban
formidable; une draperie couvrait le buste et
descendait jusqu'à terre. Enfin, de dessous la
barbe, sortait le pavillon d'un cor de chasse.

— Mesdames et messieurs, disait l'exhibiteur de cet être apocalyptique, ce phénomène, absolument unique dans son genre, a ceci d'extraordinaire, qu'il est en opposition complète avec les lois de la nature; au lieu de croître en hauteur, il s'est développé en largeur. Doué, d'une faculté véritablement singulière, sans avoir appris et par le seul don de nature, il parle un langage qui se comprend dans tous les pays du monde, sans pouvoir toutefois remplacer le volapück. En outre, de première force sur le cor de chasse, il va vous en sonner quelques airs, avec une puissance de souffle, inconnue jusqu'ici; attention!

Et aussitôt, partirent, du pavillon de l'instrument, des fanfares assourdissantes. —

Mesdames, messieurs, ne stationnons pas, criait M. Pinsonnet; il faut que tout le monde voie.

Mais les spectateurs intrigués ne voulaient pas s'éloigner sans s'être rendu compte de ce qu'ils voyaient; les pince-nez, les binocles, les lorgnons, les face-à-main étaient braqués sur le phénomène :

— Quelle figure! disait une dame, on jurerait un potiron.

— Ce sont des yeux peints, disait une autre.

Et le cor sonnait toujours : ton ton, ton taine, ton ton.

— Mais c'est un faux nez! insinuait une demoiselle.

— Circulez! mesdames et messieurs, répétait M. Pinsonnet. Et on circulait, et chacun jetait ses deux sous! et toujours, ton ton, ton taine, ton ton.

Le nain sonna ainsi jusqu'à la fin du défilé, après quoi l'exhibiteur prononça les paroles d'usage :

— Mesdames et messieurs, c'est pour avoir l'honneur de vous remercier; si vous êtes contents et satisfaits, faites-en part à vos amis et connaissances.

Sur ce, il ferma la porte sur une dernière et éclatante fanfare.

— Pour sûr, la figure est de la chair, disait un des spectateurs.

— Eh bien, mesdames, messieurs, s'écriait radieux le maître de la maison, j'espère que c'était amusant, hein? et pas cher! Deux sous! le même prix que pour voir la lune.

L'ESCARPIN

I

Ce fin soulier (débarrassons-nous tout de suite de la chose difficile à dire), l'élégant jeune homme qu'il chaussait le retira en pleine soirée du meilleur monde. Oh! messieurs! si bien élevés que vous soyiez, ne vous hâtez pas de crier au manque de savoir-vivre de notre élégant jeune homme et que celui de vous qui ne pardonne pas le désir de caresser, sous la table, les tibias d'une femme aimée, lui jette la première pierre!

Octave Latournelle (c'est son nom) n'était pas seulement ce que, dans les salons où l'on danse, on appelle « une paire de jambes »; outre ses jambes, dont la vigueur était appréciée, il avait ses mains dont l'adresse était admirée, et le plus habile prestidigitateur eût été fier d'avoir fait un tel élève. A son ordre, les montres passaient d'un gousset dans un autre, les pièces d'or lui fondaient dans les doigts, les fleurs poussaient sur lui, comme sur un arbuste magique; il en sortait de ses poches, de ses manches, de son gilet, de sa cravate, de quoi orner tous les corsages et ce, après avoir, préalablement, retroussé ses poches, relevé ses manches et ouvert son gilet; enfin, c'était l'enchanteur des salons et l'enfant gâté des dames.

J'ai dit l'enfant « gâté », peut-être se croyait-il l'enfant chéri, comme le héros d'Aline, reine de Golconde; toujours est-il qu'il était amoureux et le fit comprendre avec cette audace que donne la certitude de la victoire.

La femme aimée était la jeune épouse du général Rascalon, et le grade seul du mari me dispense de mentionner la disproportion d'âges entre les deux époux. Je n'apprendrais d'ailleurs à personne que tous les vieux officiers supérieurs ont des jeunes femmes, ce qui prouve qu'un vrai brave ne recule devant les dangers d'aucune sorte; n'a-t-il pas pour lui le prestige de l'épaulette? Reste à savoir si le prestige de la jeunesse, chez l'ennemi conjugal, ne l'emporterait pas sur la graine d'épinards. Toute la question est là.

II

Ans l'espèce (comme on dit au Palais), il est de tradition que le mari est le jaloux traditionnel; une espèce de dur à cuire, martialement laid, comme le capitaine Baretti, de Charles de Bernard. Eh bien! le général n'était pas ça du tout. Mais s'il n'était pas Othello, il n'était pas, non plus, Georges Dandin; confiant dans la vertu de sa jeune femme, il n'avait pas les illusions biscornues de Sganarelle; cependant, s'il eût vu de ses propres yeux, il est douteux que sa bonne et franche figure eût conservé son caractère, que sa voix douce n'eût pas pris des éclats inconnus.

Ceci, disons-le, est une supposition qui ne fût probablement venue à l'esprit de personne, étant connu le goût du vieux brave pour les récits d'aventures salées dont les maris font les frais, sa qualité de fidèle abonné à la *Vie Parisienne* et sa préférence sur tous les théâtres pour la scène du Palais-Royal, où il avait vu jouer plusieurs fois la *Sensitive* et *Le plus heureux des trois* — sa jeune femme aussi, du reste — en quoi il avait été imprudent, mais comme il la menait aussi au bal, n'invoquait jamais son âge pour refuser d'y passer la nuit et restait jusque après le cotillon, il est clair, qu'en tout, il ne voyait que le plaisir de sa compagne, et, pour chacun, la générale était absolument heureuse.

Elle l'était peut-être, en effet; mais persuadez donc que son bonheur était complet à des gaillards qui, du haut de leurs vingt-cinq ans, vous répondront :

— Avec un vieux? laissez-moi donc tranquille.

Ne blaguons pas les vieux; on en connaît encore pas mal qui ont de nombreuses petites familles. Ce n'était pas le cas du général, puisqu'il était sans enfants, mais il avait du temps devant lui, avant d'atteindre l'âge où l'on en a toujours, comme l'affirmait plaisamment le médecin Corvisard, si je ne me trompe.

Le général faillit bien ne pas attendre cette époque de paternité infaillible, il découvrit le danger, non pas seulement avant tout le monde, ce qui serait déjà assez rare, mais lui seul, ce qui est plus rare encore, et il sauva son honneur menacé, en homme d'esprit, ce qui ne pouvait pas être autrement.

Et nous voici arrivés au soulier du prestidigitateur amateur.

III

'ai dit que le fait se passait dans une soirée du meilleur monde. On dansait dans les salons; le général, lui, causait avec quelques vieux invités, dans une petite pièce voisine d'une chambre transformée en salle de jeu. Il jeta négligemment ses regards du côté des joueurs et eut un mouvement de surprise :

— Ah! çà, mais, dit-il en mettant son lorgnon, je ne me trompe pas... oui, c'est ma femme assise à une table de whist! Je la croyais en train de polker ou de valser et elle joue! Il faut qu'elle se soit bien fatiguée, elle qui ne joue jamais et qui danse toujours. Je vais la gronder d'importance, ajouta-t-il en riant, de s'en être donné au point de renoncer à son plaisir favori pour aller se reposer les cartes en main.

Il quitta sa société et se dirigea vers les joueurs. Un heurt lui ayant fait tomber son lorgnon près de la table de whist, il se baissa pour le ramasser et aperçut, sous cette table, un escarpin verni sorti du pied de son propriétaire, lequel pied, chaussé d'un fin bas de soie noire, caressait les tibias de la générale; mais il remarqua également que celle-ci évitait constamment le pied occupé avec persistance à chercher le sien.

— Allons, se dit le mari, en empruntant une image tirée de son état, la place est attaquée, mais elle se défend. J'arrive à temps. Alors, calme et souriant comme s'il n'eût rien vu, appuyé sur le dossier de la générale, la questionnant sur sa chance au jeu, la conseillant, critiquant ses fautes, il se livrait à un exercice qui eût inspiré à un vaudevilliste une situation d'un comique irrésistible, tirée de la difficulté de l'exécution. Le général avait entrepris d'attirer, avec le bout de sa botte, l'escarpin abandonné sous la table, provoquant à chaque instant des soubresauts de pieds heurtés, des protestations de joueurs atteints, des regards étonnés de la part des témoins du mouvement de frotteur exécuté par sa jambe, et la générale de répéter à chaque instant :

— Mais, mon ami, qu'avez-vous donc à remuer ainsi ma chaise? vous allez me donner la migraine.

IV

ce moment, la maîtresse de la maison vint demander à Latournelle s'il n'allait pas exécuter quelques-uns de ses jolis tours.

— A vos ordres, madame, dit-il distraitement, préoccupé qu'il était des mouvements inexplicables du général, lequel, notamment, venait de se baisser comme pour ramasser quelque chose et s'était aussitôt relevé !

— Eh bien! monsieur, dit la solliciteuse, j'attends votre bras, pour vous conduire. Vos spectatrices s'impatientent.

— Voilà, madame, voilà, répondit Latournelle en cherchant, du pied, son escarpin, recommençant ainsi le pas du frotteur exécuté quelques instants avant. Et les assistants de rire, ce qu'ils n'avaient osé faire la première fois. Et la maîtresse de maison, surprise d'attendre toujours, le bras plié, celui de son cavalier, se demandant s'il allait la laisser longtemps dans cette attitude. Les dames, impatientes, arrivaient en foule joindre leurs sollicitations à celles de leur ambassadrice; il fallait sortir de là. Notre jeune homme en sortit, mais avec un seul soulier, car lui aussi s'était baissé et avait constaté la disparition du malheureux escarpin et il se demandait, anxieux, comment il allait expliquer sa mésaventure.

Son seul pied chaussé provoqua une hilarité générale, puis des applaudissements éclatèrent, accompagnés du cri joyeux :

— Ah ! c'est un tour ! c'est un tour !

L'enfant gâté des dames esquissa un sourire

sans conviction et balbutia, en offrant piteusement son bras si longtemps attendu :

— Oui, mesdames, c'est... c'est un tour.

Des bravos, appuyés de battements de mains, accueillirent ses paroles, et lui de se dire : « Un tour, un tour; on vient de m'en jouer un que je ne trouve pas drôle, si je savais qui... » Puis, frappé d'une idée : — Ah! si c'était le général?... ses mouvements singuliers... et puis je l'ai vu se baisser... Ah! si c'était lui, elle serait mauvaise; comment m'assurer?...

Et, en conduisant sa dame, il cherchait à s'approcher du général. Il y parvint; alors, du dos de sa main, il frappa avec précaution sur la poche de l'habit, qu'il supposait contenir l'escarpin : rien! Il voulut sonder l'autre poche, mais un mouvement du général l'avait mise hors de portée; il s'agissait de passer du côté où elle se trouvait.

— Où me conduisez-vous donc? lui demanda la dame qu'il entraînait.

— Mais, mais... au salon, madame; et comme il avait tourné le général, il voulut tâter la poche. Nouvel empêchement qu'il n'avait pas prévu : son bras sur lequel reposait celui de la dame lui rendait l'exploration impossible. Il offrit l'autre sous prétexte d'une ancienne blessure qui le faisait souffrir et put, enfin, se livrer au même exercice que précédemment. Cette fois, il fut fixé : « Il y est! » se dit-il, et il se fit cette réflexion que le mari de son adorée avait surpris son petit manège sous la table. — Me voilà dans une jolie position, ajouta-t-il.

VI

ouT le monde était rentré au salon, la galerie s'était formée et attendait le tour promis. Il n'y avait pas à reculer. Allons! se dit l'imprudent amoureux, il faut y aller, advienne que pourra. Et il y alla.

— Mesdames, dit-il, j'ai perdu mon soulier; je ne l'ai pas sur moi, voyez mes poches (et il les retourna), voyez mon habit (et il l'écarta), voyez mon gilet (et il l'ouvrit), voyez mes manches (et il les retourna jusqu'aux coudes), ainsi, mesdames, rien dans les mains, rien  dans les poches. Il s'agit donc de savoir où est l'objet perdu ; rien de plus facile : ce n'est qu'un petit calcul cabalistique à faire. Ceci dit, il se couvrit les yeux avec une main, prit l'attitude de la méditation, puis, sans retirer sa main, il compta :

— Un, deux, trois, quatre, cinq ; mon soulier, s'écria-t-il, est dans la poche gauche de la sixième personne à ma droite.

Cette personne était le général.

— Pas mal! pensa celui-ci; et obéissant aux cris : « Fouillez-vous! fouillez-vous! général! » il retira l'escarpin de la poche indiquée.

On applaudit bruyamment au succès du tour; puis, après quelques chuchotements, plusieurs voix s'écrièrent : « Ah! le général était compère! »

— Oui, oui, répéta-t-on en chœur.

Le prestidigitateur protesta.

— Alors, recommencez le tour! lui cria-t-on.

Et toute la société de répéter :

— Oui, oui, recommencez!

— Ah! fit une dame, le général vient de parler à l'oreille de M. Latournelle. Et tout le monde de répéter :

— Il est compère! il est compère!

Le général affirma qu'il n'était, en aucune façon, d'accord avec le prestidigitateur.

— Mais vous venez de lui parler à l'oreille, répétèrent les témoins de la confidence.

— Ceci, mesdames, est rigoureusement exact; vous avez demandé à monsieur une seconde expérience. Je lui ai dit tout bas qu'il est des tours qu'on ne doit pas recommencer; n'est-il pas vrai, monsieur?...

— Parfaitement vrai, général, et je suivrai votre conseil. Mesdames, je vais vous faire un autre tour.

Et il en fit un second, puis un troisième,

puis d'autres encore; mais, après celui de l'escarpin, ils manqueraient d'intérêt et je n'en parlerai pas.

LES
MESSIEURS AUX GIFLES

LES MESSIEURS AUX GIFLES

I

Ils étaient deux : Malivoire et Polonceau.
Un soir, l'un giflait l'autre qui, le soir suivant, lui rendait la pareille; c'était un service

d'amis qu'ils se rendaient à tour de rôle. Ça paraît difficile à comprendre parce qu'on ne sait pas; mais, quand on sait, on se dit : c'est un bon truc pour se faire aimer des dames, et simple!

En effet, rien de plus simple; seulement, il fallait le trouver.

C'est Malivoire qui l'avait trouvé, après avoir failli, plusieurs fois, se faire mettre au poste, sur la plainte de jolies passantes attardées auxquelles il avait offert sa protection contre les entreprises des coureurs d'aventures. Il s'était dit alors : Si je faisais le contraire? si je suivais le monsieur qui suit les femmes? Dès que

l'une d'elles appellerait au secours, je volerais à son aide, je souffletterais le monsieur, je lui donnerais ma carte; après quoi la colombe, émue et tremblante, accepterait le bras de son défenseur, lequel irait, le lendemain, prendre de ses nouvelles, et voilà une bonne fortune à peu près assurée.

Seulement, réfléchit Malivoire, c'est un grenier à duels et à coups de poing; non, il me faudrait un ami qui consentît à recevoir... à charge de revanche, bien entendu, et, frappé d'une idée : Tiens, Polonceau, qui est aussi un suiveur, dit-il. Il soumit le truc à celui-ci, qui le trouva extrêmement drôle, et c'est à dater de ce jour que nos deux farceurs firent des conquêtes en se flanquant des calottes.

— Oh! mon ami, la jolie femme! dit un soir Malivoire, dont c'était le tour de protéger l'honnête femme offensée; attention! elle se dirige vers cette petite rue sombre; pas un chat; la lune s'est cachée; le diable marcherait sur sa queue, tant il fait noir; tout me favorise. Suis cette adorable créature; moi, je vais à mon poste.

Et Malivoire entra vivement dans la rue indiquée.

Bientôt une discussion se fit entendre :

— Laissez-moi, monsieur! criait la dame; laissez-moi!

Et, presque au même instant, elle parut, hâtant le pas, pour échapper à l'intrus qui lui avait saisi le bras.

— Allons-y! se dit Malivoire.

Alors, s'approchant vivement :

— Qu'est-ce que c'est? Rustre, goujat! s'écria-t-il; puis : v'lan! v'lan! et il ajouta : Voilà ma carte, monsieur!

Il resta stupéfait; ce n'était pas Polonceau! Notre Lovelace n'avait pas eu le temps de se reconnaître que la dame, s'emparant de son bras, lui dit :

— Conduisez-moi jusqu'à une voiture, monsieur, je vous en prie !

Et elle entraîna son défenseur ahuri.

A ce moment paraissait Polonceau, très intrigué ; il avait entendu les cris de la dame, puis les paroles du compère, puis le bruit retentissant de deux gifles, et il se disait : Malivoire a commis un impair ; qui diable a reçu les soufflets en mon lieu et place?... Ah! c'est ce monsieur, ajouta-t-il en voyant la victime de l'erreur, immobile et ahurie.

Le monsieur, l'apercevant, s'avança et lui dit :

— Monsieur, je suis le mari de cette femme ; l'infâme qui m'a frappé est son amant ; j'ai sa carte, je vais le dénoncer. Vous avez vu l'agression, je vous prie de vouloir bien en témoigner devant la justice.

— Moi, monsieur ? répondit Polonceau, j'ai bien entendu, de loin, un bruit confus, de cris, de voix ; j'ai deviné une altercation et, n'ayant pas à m'en mêler, j'ai continué ma route ; je n'ai donc pas été témoin de l'agression, puisque j'étais dans la rue voisine lorsqu'elle s'est produite. Mille pardons, monsieur!

L'époux, furieux alors, de s'élancer à la poursuite de sa femme; et Polonceau de se dire :

— C'est le mari!... elle est bien bonne!

II

Il est d'usage, chez le moindre conteur sachant à peu près son métier, de faire connaître aux lecteurs ses personnages, leur caractère, leurs sentiments, leurs habitudes, à moins qu'il ne s'agisse d'un personnage du genre de M. Dufourré (c'est le nom du mari), auquel cas l'auteur peut se borner à dire : c'est un imbécile ! C'est ce

que je fais, et quand j'aurai ajouté que le sus-
nommé avait gagné vingt mille francs de rente
dans l'exploitation d'un procédé pour le séchage de la morue, et qu'il était devenu jaloux,
du jour où il s'était promu aux fonctions d'oi-
sif, on connaîtra le bonhomme comme si l'on
avait passé sa vie avec lui.

Cette jalousie irritait fort sa vertueuse
compagne, si bien qu'un beau jour, à la suite
d'une scène violente, Mme Dufourré était allée
s'installer chez une parente envoyée à Nice
par les médecins, et qui était partie, laissant
à sa disposition, son appartement et une domestique. C'est vers ce domicile qu'elle se
dirigeait quand son mari la rencontra, juste
au moment où Polonceau allait lui offrir son
bras.

Convaincu qu'il avait souffleté un simple
suiveur comme lui, notre Don Juan de trottoir avait parlé dans ce sens à sa protégée en
la conduisant à une place de fiacre. La dame,
en proie à une violente émotion, s'était bor-
née à le remercier sans l'initier à ses soucis
domestiques. La voiture trouvée, elle s'y était

vivement introduite en donnant son adresse au cocher, et Malivoire avait retenu cette adresse, comme bien l'on pense.

III

L e lendemain, vers deux heures, au moment où Mme Dufourré allait sortir, une altercation se fit entendre dans l'antichambre, et un visiteur entra malgré la bonne. C'était le mari.

— Vous ici, monsieur? s'écria Mme Dufourré.

— Oui, madame, moi ici! Vous me deman-

derez peut-être comment j'ai découvert votre
retraite? Rien de plus simple; hier au soir, je
me suis mis à votre poursuite et je vous ai
rejointe au moment où, par la portière d'une
voiture, vous adressiez quelques mots à votre
galant chevalier. J'ai pris le numéro de la voiture; j'ai donc pu, ce matin, retrouver aisément le cocher, et voilà comment j'ai su le
lieu de vos rendez-vous.

— De mes rendez-vous?... Avez-vous demandé des explications à ce monsieur, que je
n'avais jamais vu avant qu'il se constituât
mon défenseur contre l'homme par qui il me
croyait insultée?

— Nous allons bien voir si elle ne le connaît pas, se dit Dufourré, et il tendit à sa
femme un piège où il ne devait pas tarder à
se prendre lui-même :

— L'explication, répondit-il, a eu lieu ce
matin, madame, et s'est terminée par un coup
d'épée qui, je l'espère, a mis ce monsieur au
lit pour plusieurs mois.

Mme Dufourré resta stupéfaite; son mari exposant sa vie par amour pour elle, c'était

17.

toute une révélation, et elle ne put réprimer un léger mouvement d'admiration pour l'homme qu'elle avait méconnu.

— Eh bien! monsieur, lui dit-elle, vous avez commis une mauvaise action; je ne connais pas, je vous le répète, la victime de vos fureurs, et une lettre que j'ai écrite, ce matin, à la parente dont j'occupe l'appartement, cette lettre dans laquelle je raconte l'aventure d'hier au soir, est dans ma chambre prête à être jetée à la poste; je vais vous la donner, vous l'ouvrirez et vous en prendrez connaissance.

Mme Dufourré sortit vivement, et Dufourré, interdit, de se demander s'il aurait, en effet, d'injustes soupçons.

A ce moment, un coup de sonnette se fit entendre; Dufourré, qui allait suivre sa femme, s'arrêta.

— Je vais annoncer monsieur, dit la bonne en entrant.

— Un monsieur! s'écria Dufourré, où est-il? comment est-il? jeune? vieux?

—Mais, monsieur... répondit d'un air étonné

la bonne qui ignorait ses titres à la questionner, ce monsieur est au salon. Je vais l'annoncer à madame.

— Oh! se dit Dufourré resté seul, je saurai quel est ce visiteur; je vais fermer la porte d'entrée, mettre la clé dans ma poche, et il ne sortira d'ici que quand je le voudrai bien.

IV

Le monsieur introduit au salon portait un bras en écharpe. C'était Malivoire.

Le bras en écharpe faisait partie du truc, quand l'apparente position sociale de la protégée nécessitait cette complication. Dans ce cas, un duel fait toujours bien et l'on s'est battu. Qui a reçu le coup d'épée? Naturellement, le chevalier français. Il arrive donc chez la dame, le bras soutenu par un foulard.

— Ciel! s'écrie-t-elle, tout émue; vous êtes blessé!... et c'est pour moi!... Ça ne manque jamais son effet.

Mme Dufourré entra vivement :

— Vous, monsieur! dit-elle d'une voix troublée par l'émotion. Ah! Dieu soit loué, votre blessure est moins grave qu'on ne me l'avait dit.

Malivoire resta abasourdi.

— Ah!... balbutia-t-il, on vous a dit?

— Votre adversaire lui-même, oui, monsieur.

— Ah! elle est raide! fit-il à part lui. — Alors... demanda-t-il, mon adversaire, vous le connaissez?

— Parfaitement, monsieur; c'est mon mari.

— Comment!.. le monsieur que, hier au soir, j'ai...

— C'était mon mari.

A ce moment, la voix de Dufourré, discutant avec la bonne, se fit entendre dans l'antichambre.

— Lui!.. fit Mme Dufourré éperdue; s'il vous

trouve ici, cette fois, il vous tuera, il me tuera.

— Mais, madame, je ne demande pas mieux que de m'en aller... par où ?

— Tenez ! par ici, monsieur, vous trouverez la salle à manger qui donne sur l'antichambre !...

Et elle le poussa vivement.

Il était temps, Dufourré entrait.

V

— Madame, dit-il, un homme était avec vous à l'instant! ne niez pas! Du reste, il ne peut sortir d'ici, j'ai fermé la porte d'entrée, en voici la clé et je vais...

Mme Dufourré le retint :

— Vous auriez, dit-elle, la lâcheté de frapper

un adversaire hors d'état de se défendre, puisque vous l'avez blessé en duel, il y a quelques heures?

— Hein! fit Dufourré, ahuri, l'homme qui est ici, c'est...

— Votre adversaire; il est venu, son bras blessé soutenu par une écharpe, prendre de mes nouvelles, simple démarche d'un homme bien élevé, dont la carte vient de m'apprendre le nom.

La pauvre femme prêchait dans le désert; Dufourré n'entendait rien; il se creusait la cervelle pour s'expliquer ce coup d'épée qu'il n'avait pas donné et que son adversaire avait cependant reçu.

— D'ailleurs, monsieur, dit la vertueuse épouse, voici la lettre dont je vous ai parlé; lisez-la!

La lecture faite, Dufourré, édifié, se fit cette réflexion :

— Alors le don Quichotte d'hier au soir est un faux brave qui espérait, par une prétendue blessure, attendrir ma femme!

Et, pris d'un rire satanique, il se dit :

— Oh! je vais le couler.

— Eh bien! êtes-vous convaincu? demanda Mme Dufourré.

Le mari, dont le rire satanique s'était arrêté subitement, ne répondit pas; il pensait : Je vais le couler... Mais lui aussi va me couler, et je serai ridicule, grotesque aux yeux de ma femme.

— Cette lettre ne vous édifie pas, mon ami? dit celle-ci; eh bien! je vais faire appeler votre adversaire par la bonne.

Et elle se dirigea vers un cordon de sonnette.

— Non, non, s'écria vivement Dufourré, je te crois, chère amie, et je vais ouvrir la porte à ce monsieur.

Il n'eut pas le temps de lui rendre la liberté, Malivoire paraissant à ce moment. Ayant trouvé la porte fermée, il croyait s'être trompé et cherchait la sortie. Naturellement, il avait retiré son bras droit de l'écharpe, pour tourner le bouton.

— Oh! sapristi! fit-il en voyant la femme et le mari, et, perdant la tête, il remit vivement son bras en place, mais dans son trouble ce fut le gauche qu'il glissa dans l'écharpe.

Dufourré courut à lui :

— Entrez donc, chez monsieur, lui dit-il, le malentendu est expliqué ; puis à voix basse : Je vous ai donné un coup d'épée, vous l'avez reçu ; pas un mot ! laissons les choses en l'état.

VI

 la demande de Mme Dufourré, Malivoire raconta son aventure de la veille; elle était conforme au récit contenu dans la lettre.

— Et voilà le galant homme à qui vous vouliez arracher la vie! dit l'innocente justifiée. Vous n'y avez pas réussi, mais enfin, ce brave monsieur n'en est pas moins blessé au bras qui lui est le plus utile. Et, indiquant le bras du faux blessé, elle poussa un ah! de surprise

Les deux hommes la regardèrent sans comprendre.

— Mais... c'est votre bras gauche, qui est en écharpe, dit-elle.

— Ah... imbécile! voilà le bouquet, fit Malivoire anéanti, et il balbutia :

— Heu... oui... oui, madame, c'est au bras gauche que...

— Oui, oui, se hâta d'ajouter Dufourré, sur un signe de Malivoire, c'est au bras gauche.

— C'est singulier, dit Mme Dufourré, j'ai pourtant bien vu..

— J'étais peut-être placé ainsi, répondit Malivoire en tournant le dos...

Là-dessus, il salua pour se retirer. Dufourré l'accompagna pour lui ouvrir la porte.

— Monsieur, dit Malivoire seul avec lui, j'ignorais, croyez-le bien, que l'inconnu d'hier au soir...

— Monsieur, interrompit le mari, d'une voix sourde et menaçante, vous vouliez me prendre ma femme.

Malivoire acheva sa pensée :

— A qui j'ai donné une gifle...

Dufourré, sans l'écouter, acheva la sienne :

— Eh bien! je la garde! fit-il, d'un air terrible.

Malivoire se mit à rire du *quiproquo :* — Gardez-la, cher monsieur, gardez-la, fit-il.

Et il sortit.

LA NOSTALGIE

LA NOSTALGIE

I

Le mot nostalgie dérivant de deux mots grecs qui signifient : retour, ennui, c'est arbitrairement qu'on l'a qualifié *mal du pays;* il n'y a aucune raison pour que d'autres que ceux affectés de ce mal n'éprouvent pas un ennui et un désir de retour vers autre chose que le lieu où ils sont nés, où ils ont aimé et où reposent des êtres chéris.

La nostalgie donc n'a longtemps été que la souffrance causée par l'éloignement du sol natal. Cette souffrance, les poètes l'ont célébrée :

> Rendez-moi mon village
> Et la montagne où je suis né,

chante le jeune pâtre de Béranger.

> Je veux revoir ma Normandie.
> C'est le pays qui m'a donné le jour,

chante, à son tour, le jeune compatriote du poète normand Frédéric Bérat, qui, malheureusement, n'a pas été seul à brailler, aux oreilles de ses contemporains, cette scie patriotique.

Mais, dans ces derniers temps, le mot nostalgie a reçu l'extension que lui permet le grec dont il dérive, et M. Émile Augier a pu dire, de l'héroïne d'une de ses comédies :

> Cette femme a la nostalgie de la boue.

On peut donc dire, tout aussi bien, de l'épicier retiré, retournant, après un an d'ennui, dans la boutique qui fut la sienne, y cassant du sucre et y brûlant du café, pour son seul plaisir!... ou encore, de l'ancien ordonnateur des pompes funèbres, ressentant, pour son compte, les *souvenirs et regrets* de l'inscription tombale, et sollicitant la faveur de remplacer gratuitement ses successeurs malades et de conduire les défunts au cimetière, également pour son plaisir! On peut dire, de ces deux regretteurs, qu'ils ont, l'un la nostalgie de l'épicerie, l'autre la nostalgie des pompes funèbres. Comment, alors, n'admettrait-on pas la nostalgie du water-closet?

Mais ni le médecin de la veuve Grenache, ni la bonne de cette respectable sexagénaire, n'avaient eu la pensée d'attribuer l'état de langueur qui la minait, à son regret d'un établissement dont elle avait eu, pendant trente-deux ans, la gestion; j'allais dire : la digestion. Elle y serait restée longtemps encore, sans doute, si le propriétaire de l'établissement n'avait pas cru qu'un jeune et frais visage serait préférable à celui d'une caissière de soixante ans. C'était une erreur, car on ne comprend guère l'attention portée à une jeune et jolie femme, par un client, à son entrée hâtive, dans le *buen retiro*, et on ne le voit guère mieux, adressant, ensuite, à cette dame, en lui donnant trois sous, des galanteries forcément empreintes d'un certain embarras.

Cette situation d'un client, au contraire, est sans importance, si la caissière est une vieille dame avec qui il peut, après une absence, avoir une causerie dans ce genre :

La dame. — Ah! enfin! volage! depuis le temps qu'on ne vous a vu! Vous m'avez fait des infidélités.

Le client (*embarrassé*).—Mon Dieu... heu... j'ai été un peu indisposé.

La dame. — Raison de plus, méchant!

II

E médecin de Mme Grenache, ai-je dit, ne comprenait rien au mal de sa cliente et, cependant, il devait connaître le diagnostic de la nostalgie : « Elle offre communément (disent les livres de médecine) un dépérissement lent, quelquefois une fièvre hectique. » Or, cette fièvre lente, accompagnée d'une diminution progressive de l'embonpoint et des forces, le docteur aurait pu la constater chez la vieille dame ; il avait dû remarquer que, douée, deux ans avant, d'un magnifique embonpoint, elle tournait, peu à peu, au plumeau. Mais, comme elle n'avait aucune maladie caractérisée, il s'était borné à constater de l'anémie avec des troubles nerveux et à ordonner du fer, du quinquina, du malaga et autres toniques, prescrits pour combattre les nerfs et qui combattent, surtout, dans les journaux, les autres remèdes au même mal, préconisés par des inventeurs à qui ils réussissent, généralement, mieux qu'aux malades.

L'absorption continue de fer, de quinquina et de malaga, n'ayant eu d'autre effet sur la bonne dame qu'un échauffement d'entrailles, un parent de la malade envoya son propre médecin qui, lui, reconnut, chez elle, un tempérament bilieux, interdit le traitement de son confrère et le remplaça par un régime lacté et une effroyable consommation de pruneaux, lequel régime fut impuissant, malgré les efforts du docteur et ceux aussi pénibles que prolongés de la malade ; si bien qu'à un dépérissement inexplicable, vint se joindre un malaise de plus en plus douloureux dont ne parlait jamais l'ancienne gérante, sans se rappeler les nombreux exemples dont l'écho lui était arrivé jusqu'au fond de son comptoir, pendant tant d'années, et, de ce souvenir, son mal était encore aiguisé (je ne dis pas éguisier).

L'état de la pauvre veuve s'aggravant au lieu de s'améliorer, sa famille, inquiète, lui envoya un troisième médecin qui tira un troisième diagnostic, constata une maladie de l'estomac et prescrivit un traitement dont l'effet fut tellement déplorable, qu'il déclara, bientôt, ne pas vouloir assumer, seul, la responsabilité d'une catastrophe, plus ou moins prochaine, mais inévitable. Il provoqua donc une consultation, convoqua ses deux confrères, et la famille éplorée se demandait si, comme le personnage de la tragédie, seule contre trois, il fallait qu'elle mourût.

III

La vieille bonne, invitée, par les trois savants, à se tenir à leurs ordres, assista ainsi à la consultation médicale.

Le médecin ordinaire de Mme Grenache prit le premier la parole et persista, dans son diagnostic, malgré les funestes effets de sa médication :

— J'ai constaté, dit-il, les signes de l'anémie et tous les indices d'une névrose caractérisée par des troubles divers, tels que désordres de l'intelligence, conceptions extravagantes, idées bizarres sensations en désaccord avec les impressions supérieures, erreur des sens, etc., etc.

— Qu'est-ce que cela prouve ? interrompit le deuxième qui, lui, tenait pour le tempérament bilieux, le sujet, par son âge, a franchi le cap de la ménopause, et cette phase d'une époque critique a pu causer un trouble cataménial, mais qui n'est qu'un accident passager; regardez cette peau pygmentée, bilieuse, cette coloration des conjonctives.

Puis, faisant tirer la langue à la malade :

— Voyez, dit-il, cette langue où se prélassent les saburres.

— Donc, riposta le premier, désordres gastriques, pesanteur dans les hypocondres *ergo* hypocondrie; or, qu'est un hypocondriaque ? un sujet nerveux.

— Oh ! permettez, fit le troisième en se jetant brusquement dans la discussion ; vous faites, l'un et l'autre, fausse route, mes chers confrères.

— Alors quel est le mal? demandèrent ceux-ci.

— Je l'ignore, répondit l'interrupteur; mais je cherche ailleurs le *quiquid ignotum* de l'état de la malade, car je ne le trouve ni dans les nerfs ni dans la bile ; cet état est dû à quelque phlegmasie profonde ou à une autre cause. Qu'est le mal? est-ce de l'ictère, une hépatite interstitielle? peut-être est-ce une affection due à la présence de kystes idatiques ? d'acéphalocistes ? d'échinocoques ? c'est posssible; j'opine, cependant, pour une hypertrophie de la rate.

— Eh bien, s'écria, d'un air vainqueur, celui qui tenait pour la névrose, la rate étant placée dans l'hypocondre gauche, cette région est fatalement intéressée; donc hypocondrie, affection nerveuse; donc le fer, le quinquina.

— Oui, qui ont causé une inflammation

d'entrailles, objecta le second; tempérament bilieux, vous dis-je; les purgations, les laxatifs, les résolutifs, les diaphorostiques.

— Du tout, dit l'homme à la rate, des antiphlogistiques.

L'autre continua : les boissons hépatiques, apéritives, diuretiques, toniques et fébrifuges, c'est le traitement que j'ai appliqué.

— Oui, et j'ai provoqué une consultation, s'écria le troisième, parce que j'appréhendais une issue fatale! Moi, je prescris la morphine, la valériane, le zinc, l'éther zincé, le chloral, le musc, l'assa fétida, l'antipyrine, la faradisation... la...

— Mais, s'écria à son tour le premier, vous tuerez la malade.

Heureusement, pour celle-ci, affaissée et les yeux fermés, elle n'entendait pas cette discussion. Quant à la bonne, elle n'y prêtait aucune attention, absorbée qu'elle était dans ses réflexions.

Tout à coup, elle se frappa le front, en femme qui vient de recevoir, du ciel, une révélation, et elle sortit, le visage illuminé comme dût l'être celui d'Archimède, sortant de son bain et courant à travers les rues, nu comme un ver, pour crier à tous les passants : Eurêka ! Eurêka !

IV

Les trois savants continuaient à discuter avec acharnement, chacun d'eux tenant *mordicus* pour son système; ils en arrivèrent aux emportements : — Vous êtes un sous-vétérinaire, criait l'un — et vous un rebouteur — et vous un cuistre — et vous un âne.

Ils allaient se prendre aux cheveux, autant que l'eût permis leur calvitie, — quand tout à coup un bruit se fit entendre derrière la porte par laquelle était sortie la bonne : le bruit d'un papier froissé comme par deux mains exécutant le geste des savonneuses. A ce moment la patiente, jusqu'alors affaissée, les yeux fermés et la tête penchée sur sa poitrine, ouvrit les yeux et un léger sourire parut sur ses lèvres.

— Tenez ! dit le troisième médecin, voyez-vous l'effet de ma médication ?

— Quoi, répondit le nervopathe, parce que la malade, qui était assoupie, s'éveille ! n'est-ce pas naturel ?

— Tout naturel, appuya le biliopathe.

A ce moment, un petit bruit sec et bref succéda à celui du papier. La vieille dame leva vivement la tête et son visage s'anima. Les trois docteurs eussent pu croire à la présence, derrière la porte, du personnage de M. Zola, surnommé Jésus-Christ; l'oreille exercée de l'ancienne gérante ne s'y trompa pas et perçut clairement une onomatopée produite par un claquement de lèvres; qu'importait, la bonne dame éprouvait les bienfaits de l'illusion. Bientôt, papier et onomatopée s'unirent dans un duo vif et animé, dont l'effet agissait à vue d'œil sur la malade; elle ressuscitait littéralement; puis, se levant tout à coup, le visage épanoui :

— Catherine! cria-t-elle d'une voix retentissante.

Catherine entra, triomphante à la vue de sa maîtresse debout et radieuse.

— C'est moi qui l'ai guérie ! dit-elle avec orgueil, aux trois savants stupéfaits, et elle ajouta : maintenant je suis sûre de faire vivre madame, cent ans, par mon moyen.

Je n'aurai jamais une si belle occasion de citer le fabuliste, en disant avec lui :

C'est promettre beaucoup, mais qu'en sort-il souvent?
Du vent.

LE GROS LOT

I

Qu'est-ce que c'était que ce gros lot? Mme Labourasque, organ'satrice de la loterie, aurait pu, seule, le dire; mais c'était une surprise qu'elle ménageait à l'heureux gagnant, et pas un mot ne lui était échappé, qui pût mettre, sur la voie, les souscripteurs les plus perspicaces.

Il s'agissait de secourir les nombreuses victimes d'une catastrophe récente; les lots offerts étaient en quantité notable; on en connaissait les donateurs; quant au nom de l'opulent bienfaiteur dont l'offrande devait être une surprise, on en faisait mystère comme du gros lot dû à sa munificence. Aussi, on pense si tout le monde était intrigué; ce fut même la première fois que le salon de Mme Labourasque eut quelqu'animation.

D'ordinaire, il était fort peu amusant; on n'y parlait qu'inondés, incendies, naufragés, couvreurs tombés des toits; après quoi la brave dame, qui dépassait toutes les placeuses de billets de loteries, de vingt longueurs de rasoir, colloquait le plus possible des siens, aux amis qu'elle attirait dans son coupe-gorge de charité.

L'un de ses fidèles, M. Chérami, s'était, à force d'obsessions, résigné à en prendre vingt-cinq, étant, lui-même, un monstre de philanthropie, affamé de réclames et que des influences avaient porté pour la décoration,

comme fondateur d'œuvres de bienfaisance, lesquelles, généralement, ne lui coûtaient guère que des démarches. Du reste, il avait recédé cinq billets à sa cuisinière : c'était toujours 5 francs de moins.

20.

Un de ses amis, nommé Montenpoivre, avait pris dix billets et il avait été convenu que si l'un d'eux gagnait le gros lot, ils se le partageraient. Quant à la bonne, convaincue que le sort le lui réservait, elle avait déjà arrêté tout un plan d'avenir. Trois fois victime de l'escroquerie au mariage par de faux prétendus qui, sachant que les anses des paniers font l'aisance des cuisinières, lui avaient mangé ses économies, puis l'avaient plantée là, elle comptait sur le gros lot pour trouver enfin un mari sérieux, et devenir bourgeoise à son tour; c'était l'unique sujet de conversation de cette cuisinière, à l'humeur aigrie par le célibat; elle avait la tête à l'envers, ne vivait plus et faisait vivre fort mal ses maîtres, dont elle menaçait de quitter la baraque, quand ils se plaignaient.

Malheureusement, l'espérance, qui est la nourrice du désir, n'élève pas toujours son poupon.

II

Le jour du tirage, M., Mme et Mlle Chérami attendaient vainement que Catherine les appelât pour le déjeuner; ils s'aperçurent enfin qu'elle était sortie. N'y pouvant plus tenir, incapable de faire une sauce à l'heure où sa fortune était, peut-être, extraite du sac aux numéros par la main de l'innocence, la préposée aux fourneaux était allée assister au tirage.

Tout à coup, un bruit inexplicable se fait entendre dans la cuisine; Chérami y court pour savoir ce qui s'y passe et trouve Catherine dans un état d'exaspération impossible à décrire : ce n'était plus une femme, c'était une Euménide ; M. Leconte de Lisle aurait dit une Erynnie; elle bousculait les plats, les casseroles, les couverts, pour préparer le déjeuner en retard d'une heure.

— Mais qu'y a-t-il donc? demanda le philanthrope.

— Il y a, il y a, répondit la farouche cuisinière, que les cinq numéros que vous m'avez repassés, c'est de la saloperie; pas un seul qui gagne seulement une boîte d'allumettes.

— Et c'est pour cela, dit Chérami, que vous criez comme un veau à qui on tire la queue !

— Et dire, continua-t-elle, sans l'écouter, qu'il ne s'en faut que d'un chiffre pour que j'aie gagné le gros lot! J'ai le 247 et c'est le 248 qui l'a gagné.

Chérami bondit :

— 248, dites-vous? et sans attendre la réponse, il s'élança hors de la cuisine, en criant : Ma femme, ma fille, j'ai le gros lot, j'ai le gros lot!

Et Catherine, au paroxysme de la colère, de casser un plat, en vociférant :

— Il avait bien besoin de ça, lui!

Le père, la mère, la fille, personne n'avait plus faim, la joie leur avait coupé l'appétit.

— Mais, dit tout à coup Mme Chérami, dont l'enthousiasme s'était subitement calmé, nous n'avons que la moitié du gros lot.

— Comment, la moitié? demanda le gagnant tout surpris.

— Eh bien, et Montenpoivre avec qui tu dois partager?

Chérami resta interdit; il avait oublié cette convention :

— Ah! oui, dit-il, Montenpoivre... Enfin!... qu'est-ce que tu veux?

— Sans doute, il faut t'exécuter, tu es engagé.

— Engagé! engagé!... je le suis sans l'être.

— Comment, sans l'être?

— Je le suis, oui; mais il n'y a pas d'écrit... ça ne fait rien, ma parole vaut ma signature; je donnerai à Montenpoivre sa moitié... J'aurais mieux aimé que cela tombât à un brave homme intéressant, ou à une pauvre fille comme Catherine; tandis que lui n'est pas intéressant du tout.

Mᵐᵉ Chérami s'étonna de cette appréciation nouvelle de son mari, sur le compte d'un vieil ami; mais Chérami, avec la brutalité que donne la conscience d'une mauvaise cause, répondit :

— D'abord, il a une bonne place de caissier : 6,000 francs d'appointements; pas de femme, pas d'enfants, et puis un viveur, un soupeur, un joueur, un noctambule; la noce, voilà où passera sa moitié.

— Ça ne nous regarde pas, insinua timidement Mᵐᵉ Chérami.

Mais le vieil ami, sans s'arrêter à l'objection, reprit :

— Avec ça qu'il n'est pas fort de santé... il a toujours quelque chose... comme tous les gens éreintés... et il va s'en donner, avec les cocottes!... tu verras ça!... Tiens!... veux-tu que je le dises? Eh bien, cet argent-là, c'est sa fin; ça le tuera, et j'aurai ça toute ma vie sur la conscience.

— Ça ne sera pas de ta faute, mon ami.

— Si, si; c'est moi qui lui ai proposé l'association; il ne voulait pas; il a cédé à mes instances.

A ce moment, la sonnette fut violemment tirée :

— C'est lui! dit Chérami.

III

En effet, c'était Montenpoivre, haletant, suffoquant d'émotion :

— Tu as gagné le gros lot! s'écria-t-il, avant même d'avoir salué.

— Ah! tu sais, fit froidement Chérami.

— J'étais au tirage et j'avais la liste de tes numéros. Ah! mon pauvre vieux! quelle veine!... Voyons, ce gros lot, qu'est-ce que c'est?

— Je n'en sais rien ; je ne l'ai pas encore, répondit Chérami.

Montanpoivre s'étonna d'une semblable indifférence, et, anxieux, il disait :

— Quelle peut bien être cette surprise dont j'ai la moitié, car j'ai ma moitié.

— Oui, oui, murmura Chérami sans enthousiasme.

Le copartageant continua, sans remarquer la froideur de son associé :

— J'aurais gagné, que je t'aurais donné ta moitié.

— Certainement, certainement, mâchonna l'autre.

— Mais, ajouta Montenpoivre, tout à son idée de partage ; tu devais gagner plutôt que moi, qui n'avais que dix billets, tandis que toi...

Cette réflexion ouvrit subitement à Chérami un horizon de chicane qu'il n'avait pas entrevu :

— Ah ! tu n'avais que dix billets, s'écriat-il ; mais alors, les chances n'étaient pas égales.

— Tu le savais bien, fit Montenpoivre, interdit.

— Moi?... pas du tout; j'ai cru que nous avions le même nombre de billets, sans ça...

Et comme Montenpoivre gardait le silence, Chérami continua :

— Voyons... est-ce que dix billets ont autant de chance que vingt-cinq ?

— Non, sans doute, mais...

— Et tu te figures que... Ah! bien, merci, elle serait bonne.

— Comment, fit Montenpoivre indigné, tu refuses de me donner ma moitié ?

— Absolument.

— Ah! fit l'évincé; c'est ce que nous verrons; le marché a été fait devant témoins; je cours chez eux pour leur demander de déposer en justice.

Cette menace inattendue parut frapper l'homme au gros lot :

— Hein!... fit-il, tu veux me faire...?

— Un procès, parfaitement! répondit avec irritation Montenpoivre... à bientôt!

Sur ce, il se dirigea vers la porte; puis se

retournant, avant d'en franchir le seuil :

— Si tu crois, dit-il, que cela avancera tes affaires pour la décoration, tu te trompes.

Et il sortit, laissant la famille Chérami fort troublée par cette réflexion.

IV

L a raison, dit Mme Chérami; ça va te faire bien du tort.

— Du tort! répondit l'aspirant légionnaire, d'un air peu convaincu; il perdra son procès; c'est un marché léonin; la loi ne reconnaît pas les marchés léonins.

— Mais, hasarda l'épouse, et les témoins?

— Eh! les témoins... mon avocat plaidera que le marché était une simple plaisanterie; que le bon sens se refuse à admettre une convention imbécile; car enfin, si Montenpoivre n'avait eu qu'un seul billet, contre moi 25 (puis se reprenant) 20, puisque la bonne en a pris 5...

Catherine entrait justement, sur ces mots, en tenant une pile d'assiettes sur laquelle était déposée une lettre :

— J'ai pris, moi!... dit-elle avec colère ; je n'en demandais pas ; c'est vous qui me les avez repassés, puis avançant sa pile d'assiettes :
— j'ai les mains embarrassées, ajouta-t-elle, prenez la lettre qui est là-dessus, c'est pour vous.

Chérami prit la lettre, et Catherine continua : — J'en suis de mes cent sous. Elle accompagna cette réflexion d'un mouvement furieux qui la fit se heurter contre le buffet, et les assiettes lui échappant se brisèrent sur le parquet.

La mère et la fille jettèrent un cri; une scène allait s'ensuivre, lorsque Chérami, qui avait lu la lettre, s'écria d'une voix altérée :

— Laissez cela, Catherine.

Elle voulut répliquer :

— Sortez! ajouta-t-il avec violence.

La cuisinière sortit.

— Mais qu'y a-t-il donc? demanda Mᵐᵉ Chérami inquiète à la vue du visage bouleversé de son mari.

— Ce qu'il y a? répondit celui-ci, avec un rire satanique; tiens!... voilà, ce qu'il y a!

Et, montrant la lettre :

C'est l'annonce du gros lot.

— Ah! firent, avec inquiétude, la mère et la fille.

— La fameuse surprise, ajouta Chérami, et il lut la lettre suivante, à lui adressée par Mᵐᵉ Labourasque :

« Cher Monsieur,

« On dit que la Fortune est aveugle; elle vient, au contraire, de prouver sa clairvoyance intelligente, en faisant gagner le gros lot à l'homme qui en était le plus digne, par son inépuisable bienfaisance. Cette vertu, que vous possédez à un si haut degré, vous allez pouvoir l'exercer. Ce gros lot, dont j'avais fait mystère et qui vous est échu, c'est un pauvre homme, réduit, depuis longtemps à la mendicité; le sort le confie à votre cœur sensible et généreux, et je suis bien heureuse que la Providence vous ait choisi pour l'accomplissement de cette bonne œuvre.

« J'ajoute (sans en dire plus) que vous en serez récompensé; mais ceci n'est pas mon secret.

« Tous mes compliments.

« Veuve LABOURASQUE. »

La mère, la fille étaient anéanties; le père, lui, était exaspéré :

— C'est une mystification! criait-il; on annonce un gros lot et c'est un pauvre à nourrir et à entretenir!

— Mais, observa Mme Chérami, cette récompense qui est un secret?

— Eh! parbleu, c'est une allusion à la croix qu'on me fait toujours espérer; c'est pour me dorer la pilule; en attendant, le pauvre, je l'ai; la récompense... je l'aurais eue sans cela.

— Eh bien! refuse, mon ami.

— Eh!... mon refus sera claubaudé partout,

et, alors, ce sera, un prétexte pour ne pas m'accorder cette distinction.

Ici Chérami s'arrêta en voyant rire sa femme :

— Tu trouves cela risible ? demanda-t-il.

— C'est que, répondit-elle, je pense à ton ami Montenpoivre qui veut te faire un procès pour avoir sa moitié.

Cette remarque frappa Chérami et le fit réfléchir.

V

N nouveau coup de sonnette retentit et bientôt Montenpoivre rentra :

— J'ai vu les témoins, s'écria-t-il, ils sont prêts à déposer en justice, et je ne veux pas les assigner sans te prévenir.

Chérami se frappa le front; il avait trouvé une idée; riant, alors, aux éclats :

— Ah! tu y as bien coupé, dit-il.

— Coupé dans quoi ? demanda Montenpoivre surpris.

m Dans la farce que je t'ai faite ; je la raconterai à tes témoins, ils se tordront.

— Ah ! fit l'associé subitement calmé, c'était une farce ?

— Et une bonne, hein ? répondit Chérami ; comment, tu as cru...?

Et ici, redoublement de rires par le farceur.

Et les deux femmes, très intriguées, de se demander où il voulait en venir.

— Tu auras ta moitié, gros bêta, dit-il. Puis, après un silence :

— Si le lot peut se partager en deux.

— Ah ! c'est vrai, je ne pensais pas à cela, dit Montenpoivre, nous ne savons pas encore ce que c'est.

— Ce serait très embarrassant, continua Chérami... à moins de...

—. A moins de quoi ?

— De jouer à qui aura le lot entier.

— Ça me va ! s'écria Montenpoivre, dont l'espoir du gain avait allumé la cupidité ; je te joue ta moitié contre la mienne.

Sur la demande de son mari, Mme Chérami donna un jeu de cartes et se retira avec sa fille, en disant :

— Enfin, il ne risque rien et il a la chance de perdre.

— En cinq secs, proposa Chérami.

— Ça va ! A qui donnera.

On tira : ce fut à Montenpoivre à donner. Il distribua les cartes et tourna le roi. Chérami eut un mouvement de joie :

— Ça lui fait déjà un, se dit-il ; mais son visage se rembrunit subitement en voyant son jeu composé de trois atouts et deux rois :

— J'en demande, fit-il.

— Combien ?

— Cinq ! répondit Chérami.

— Moi aussi, fit l'adversaire, je n'ai pas un atout.

Et il distribua dix nouvelles cartes.

Cette fois, Chérami contint avec peine sa fureur : il avait quatre atouts et un as.

— Encore ! grinça-t-il.

Montenpoivre qui, après avoir vu son jeu, se croyait perdu, répondit :

— Oh ! avec enthousiasme. Combien ?

— Cinq ! fit encore Chérami.

Il ne restait plus que onze cartes au talon :

— Tous les atouts sont là, se dit Montenpoivre anxieux, et il distribua les dernières cartes, moins une. Il regarda celles qu'il s'était données, il n'avait pas un atout :

— Allons, joue ! dit-il avec mélancolie.

On joua ; Chérami n'avait que des basses cartes.

— Comment, dit Montenpoivre, stupéfait : tu as donc jeté tous tes atouts ?

Et il voulut relever les écarts de Chérami qui s'y opposa :

— Ça ne se fait jamais ! cria-t-il, tu n'as le droit de...

Et une violente discussion s'engagea.

VI

La dispute fut interrompue par l'entrée de Catherine accompagnée d'un homme envoyé, dit-elle, par Mme Labourasque; puis elle sortit.

— C'est le gros lot! pensa Chérami terrifié; se levant alors brusquement :

— Quoi? dit-il avec colère, est-ce qu'on

entre comme çà ? Sortez ! et il montra la porte au nouveau venu.

— Faites excuse, monsieur, dit celui-ci, c'est moi, le gros lot que vous avez gagné.

Montenpoivre poussa une exclamation. Vainement, Chérami cherchait-il à faire taire le gros lot, celui-ci ne put s'empêcher d'ajouter :

— C'est drôle tout de même, hein, de mettre un pauvre en loterie.

Le mot était lâché, et Montenpoivre dit alors :

— Je comprends pourquoi tu as écarté tes atouts.

Chérami affirma qu'il ignorait ce qu'était le gros lot, jura ses grands dieux que ses écarts étaient le résultat d'une erreur; il croyait qu'il tournait cœur, tandis qu'il tournait pique, et enfin, il proposa d'annuler le coup.

Le pauvre, qui n'était pas au courant de la discussion, continua : Vous auriez tort de ne pas vouloir de moi; j'ai, dans ma paillasse, pour 60,000 francs de valeurs.

— Ah! pensa Chérami, cette récompense à laquelle madame Labourasque fait allusion...

— Et comme je n'ai pas de famille, ajouta

le mendiant opulent, je vous aurais fait mon héritier.

Spontanément, Montenpoivre s'écria :

— J'accepte! recommençons le coup. Il donna les cartes et tourna encore le roi, avec une satisfaction visible que, cette fois, son adversaire ne partagea pas, à en juger par son air navré.

— Ah! mais, dit tout à coup celui-ci, ce n'était pas à toi de donner.

— Si.

— Non, puisque c'est toi qui as donné au coup précédent.

— Oui, objecta Montenpoivre, mais c'est une nouvelle partie.

— Pas du tout, c'est la même que nous recommençons.

— Nous recommençons parce que je veux bien; j'avais le droit de tenir le coup pour bon et de marquer la vole; avec la tourne, ça m'aurait fait trois points.

— Alors, retirons à qui donnera.

Montenpoivre fit la concession; on tira, le sort favorisa Chérami et, à son tour, il tourna le roi.

— Voilà ! dit Montenpoivre, l'effet des générosités, c'est bien fait pour moi ; puis :

— Il y a mal-donne, dit-il.

— Comment mal-donne ?

— Oui, je n'ai que quatre cartes.

Chérami protesta qu'il lui en avait donné cinq.

— Regarde toi-même, dit Montenpoivre en avançant son jeu.

Chérami regarda :

— Tu as deux cartes l'une sur l'autre, dit-il, et il avança la main pour les séparer.

— On ne touche pas au jeu, s'écria Montenpoivre.

Chérami voulut procéder à la vérification, son adversaire résista, jeta ses cartes sur la table, les mêla avec le talon, déclara qu'il ne voulait plus jouer avec un chicanier et réclama sa moitié des 60,000 francs.

— Ah ! pardon, dit alors le gros lot ; mes valeurs vaudront 60,000 francs plus tard, quand on remontera ; je les ai achetées devant la Bourse, dix sous le tas ; j'en ai eu en tout pour 25 francs, mais l'homme qui me les a vendues m'a juré que ça remonterait au pair.

Montenpoivre saisit rapidement les cartes :

— Coupe ! dit-il à Chérami.

— Non, déclara celui-ci; tu as refusé de jouer, tu as demandé ta moitié, prends-la !

Montenpoivre refusa énergiquement le partage. — Oh ! mais tu n'en as pas le droit, riposta Chérami. Tout à l'heure encore, tu m'as rappelé les témoins de notre marché ; tu es allé les trouver et pour qu'ils en déposent devant la justice. Eh bien, assigne-moi; je t'assignerai de mon côté, pour que tu entres en possession de ta moitié.

— Mais sapristi, objecta Montenpoivre, on ne peut pas couper ce brave homme en deux.

— Ça peut s'arranger, proposa celui-ci : j'irai chez chacun de vous à tour de rôle, un mois chez l'un, un mois chez l'autre, et toujours comme ça.

Cette proposition laissant froids les deux associés, on ne sait ce qui serait arrivé, sans un incident inattendu : l'entrée furibonde de Catherine.

— Vous croyez, dit-elle, qu'il n'y pas de

quoi se tourner les sangs ! qu'on vient de me parler de quelqu'un très bien pour le mariage, croyant que j'avais des économies, et rien ! rien !... et que si j'avais gagné le gros lot... Oh ! malheur ! malheur !

Une pensée subite illumina le visage de Chérami ; il murmura à l'oreille de Montenpoivre : — Tout va s'arranger. Alors s'adressant à Catherine dont l'exaltation allait croissant :

— J'en ai un mariage pour vous, lui dit-il, et un superbe.

— Hein ! fit Catherine, calmée comme par enchantement.

Chérami s'approcha du gros lot et lui dit à voix basse :

— Voulez-vous épouser ma bonne, vous ? Elle est fraîche, dodue, cuisine très bien ; ça vous va-t-il ?

— Tout de même, répondit l'homme ; j'aime les boulottes et la bonne cuisine.

— Très bien, c'est fait. — Ma fille, dit-il à Catherine, voilà un mari qui vous adore.

Catherine fit la grimace.

Chérami continua : Il ne paie pas de mine ; mais il est robuste, vous aurez des surprises.

Catherine voulut protester. — Et il possède 60,000 mille francs, ajouta-t-il.

La brave cuisinière eut une exclamation de joie.

Mais le capitaliste faillit tout gâter par délicatesse :

— C'est vrai, dit-il, j'ai 60,000 francs, mais...

Chérami lui poussa vivement le coude :

— Ne parlez donc pas de votre acquisition au tas, lui souffla-t-il. Vous lui direz ça après le mariage.

LE DÉPUTÉ DE BOMBIGNAC

I

Ce n'est pas celui d'Alexandre Bisson, dont s'est si fort réjoui le public de la Comédie-Française, c'est de son heureux concurrent aux élections dernières qu'il s'agit; il se nomme

Garengeot comme l'inventeur de la clé à arracher les dents et était avocat à Paris. Au Palais, on l'appelait le défenseur des mauvaises causes, mais il en avait tant perdu de bonnes, qu'il ne pouvait guère craindre un pire résultat avec les véreuses, et, de fait, ce résultat fut absolument le même; de sorte que sa deuxième clientèle le lâcha comme l'avait lâché la première.

L'idée, alors, lui était venue de se mettre dans la politique, qui est, aujourd'hui, une excellente profession, comme traitement, influence, billets de chemins de fer, vacances, etc., etc., et à cet avantage inappréciable, sous l'empire du suffrage universel, qu'elle n'exige pas de talent; du bagout révolutionnaire suffit, quelques bonnes conférences au club des alouettes toutes rôties, sur le sujet de l'assiette au beurre, vous posent tout de suite un homme dans l'esprit des électeurs, et s'il a la bonne fortune de faire accepter son éloquence gratuite à quelques braves dynamiteurs traduits en cour d'assises, fallût-il tout quitter dès la nouvelle de l'attentat, et faire deux cents lieues en train rapide pour arriver bon premier auprès de ces intéressants citoyens, on a la certitude d'être élu député à la première vacance. C'est ce qui arriva à maître Garengeot, et voilà comment il est, aujourd'hui, député de Bombignac.

Ses théories d'aujourd'hui démentent carrément ses opinions d'autrefois, mais il est arrivé, et l'ère heureuse du peuple est, naturellement arrivée du même coup.

Petit, boulot, blanc et rose, ayant un faux air de bonbon qui contraste avec le peu de douceur de ses discours politiques, Garengeot voyait, avec inquiétude, sa tendance à l'obésité ; son ventre avait de généreuses aspirations à l'inconnu, et ce développement prématuré pouvait nuire au riche mariage que son avenir politique l'autorisait à espérer. Il avait donc entrepris de combattre l'envahissement des tissus adipeux, par l'escrime, les longues marches, les haltères et la gymnastique. Il était devenu d'une certaine force à tous ces exercices et avait fait, à la tribune française, un discours démontrant l'utilité d'acquérir la souplesse et l'agilité dont il était un vivant modèle.

Ce jour-là, il avait amené sa famille et sa future famille, car le riche mariage de ses

rêves allait peut-être s'accomplir. Le député de Bombignac était agréé comme gendre par un des plus gros propriétaires de Bombignac même, le consentement de la jeune personne manquait seul. Avant de la consulter, il fallait lui faire connaître l'époux qu'on lui destinait, et aucune entrevue au bal ou au théâtre n'eût valu, pour elle, le prestige du succès oratoire d'un joli garçon grassouillet, aux lèvres roses duquel toute la France et Charonne sont suspendus. Après ce succès, les choses allèrent donc toutes seules et le jour des fiançailles fut fixé à bref délai.

La semaine suivante notre honorable demandait un congé d'un mois et prenait le chemin de fer conduisant à la propriété de papa beau-père, où le contrat devait être signé. Je dis : conduisant à la propriété; pas tout à fait, il y avait six lieues à faire en diligence.

II

Dans cette voiture, se trouvait un beau gaillard, bâti en hercule, de façons un peu communes, peut-être, et ayant un air de commis voyageur. Sa conversation enjouée et blagueuse, sa connaissance de toutes les villes de France et même des moindres villages auraient, d'ailleurs, suffi à trahir sa profession.

Les commis voyageurs étant, comme chacun sait, de précieux auxiliaires de propagande démocratique, Garengeot n'eut garde de négliger un membre de cette influente corporation; une côte à monter au pas des chevaux lui fournit l'occasion de lier connaissance :

— Si nous montions la côte à pied? dit-il, cela nous dégourdirait les jambes. J'y pensais, répondit le voyageur. Tous deux sortirent donc de la voiture, le député offrit un excellent cigare à son compagnon et ils commencèrent leur voyage pédestre, en envoyant aux quatre vents du ciel des bouffées d'une fumée odorante.

— Ça soulagera les pauvres chevaux, dit le député.

— Et ça nous fera faire de la gymnastique?

— Vous faites de la gymnastique? demanda Garengeot, en homme ferré sur les exercices de corps,

— Moi, monsieur? Oui, tous les jours.

— Moi aussi; j'y suis même d'une certaine force.

Et, apercevant à propos un gros tas de cailloux préparés pour l'entretien de la route, notre honorable y court, s'élance, le franchit, puis regarde son compagnon d'un air triomphant.

Celui-ci esquisse un petit sourire dédaigneux, s'avance tranquillement jusqu'au pied du monticule, le franchit sans le moindre élan et va tomber d'aplomb sur ses pieds, à plus d'un mètre au delà.

Garengeot resta stupéfait.

Bientôt se présente pour lui l'occasion d'une revanche : une haute barrière interdisant aux charrettes l'entrée d'un parc. Notre député saisit à deux mains la traverse supérieure faisant trapèze, s'élève à la force des biceps, passe ses jambes entre ses bras tendus et se laisse tomber sur ses pieds ; — A vous, dit-il, d'un petit air de défi.

L'homme ainsi provoqué attrape la barre d'une main, s'élève lentement d'un seul bras, saisit alors la barre de l'autre main, s'y pose sur le ventre, et, le corps tendu, exécute sans fin des moulinets vertigineux.

Garengeot était ahuri.

— En voiture, messieurs! la côte est finie, dit le conducteur.

Et les deux gymnasiarques remontèrent dans la diligence.

III

ne nouvelle côte s'étant présentée, nos deux voyageurs la montèrent encore à pied. Voulant prendre une nouvelle revanche, Garengeot se mit à faire le poirier.

A ce moment apparaissait au tournant de la route une vénérable carriole conduite par un bon vieux bourgeois. Ce brave homme arrête sa voiture pour jouir du spectacle offert à ses yeux; Garengeot se remet sur ses pieds, et l'homme à la carriole de s'écrier : — Tiens! notre député!

C'était le maire de Bombignac.

Un peu confus tout d'abord, le député se mit à ricaner :

— Oui, dit-il, monsieur et moi, nous nous débarrassions de l'engourdissement de la voiture; et puis vous connaissez mes principes : la régénération de l'homme par la gymnastique.

— Et vous donnez l'exemple; très bien, très bien; allons, au revoir, monsieur le député.

— Au revoir, monsieur le maire.

L'officier municipal s'éloigna et les deux voyageurs remontèrent en diligence.

— Ah! vous êtes député et vous connaissez le maire de Bombignac, dit le compagnon de Garengeot. Eh bien! vous pouvez me rendre un service.

— Tout ce que vous voudrez, cher monsieur; mais à une condition : nous voici arrivés, faites-moi le plaisir de venir dîner en famille; je vous présenterai à mon beau-père, à ma belle-mère, à ma fiancée, à toute ma parenté.

— Si ça ne tient qu'à ça, j'accepte votre invitation.

Et il fut ainsi fait. Garengeot présenta son compagnon de voyage :

— Véhicule électoral à cultiver, dit-il à voix basse.

— Compris, on le traitera en conséquence, répondit le beau-père qui se hâta de confier mystérieusement à la société l'importance du nouveau venu. Et l'homme influent fut l'objet de mille prévenances : à table, on le plaça à la droite de la maîtresse de maison, le député se fit son échanson, la fiancée lui adressa ses plus doux sourires, et, au dessert, tout le monde but à sa santé.

Ces attentions, qui auraient dû mettre le convive à l'aise, semblaient, au contraire, l'embarrasser ; gai, jovial, tout le long du voyage, il ne trouvait plus un mot à dire.

Un toast proposé par le chef de la famille le fit, enfin, sortir du silence. Le beau-père, élevant son verre, dit :

— Je propose de boire à la santé de ma chère femme; c'est aujourd'hui l'anniversaire de sa naissance.

Tous les verres furent choqués avec enthousiasme.

Le convive, alors, heurtant le sien à celui de la dame, de dire galamment :

— Ah! madame, vous ne le paraissez pas!

La société, croyant à un mot à la Joseph Prudhomme fait avec intention, y répondit par un éclat de rire et des bravos.

Encouragé par son succès, le héros de la fête, montrant son verre plein, dit :

— Je parie cent sous à qui voudra que je vais boire ça jusqu'à la dernière goutte, sans mettre mon nez dans le verre! Garengeot éclata de rire, puis, bas à son voisin :

— Ces commis voyageurs ont tous un tas de trucs.

— Non, mais essayez un peu voir, ajouta l'homme au truc.

Chacun porta son verre à sa bouche, tenta de tourner la difficulté en penchant sa tête, à droite, à gauche ; ce fut en vain ; le nez entrait toujours dans le verre.

— Vous n'y êtes pas du tout, dit le possesseur du secret ; c'est un tour qui n'a jamais été fait que par moi. Tenez ! je ne veux pas vous gagner votre argent ; la vue n'en coûtera rien.

Se levant alors de table, notre farceur se dressa les pieds en l'air, soutenu par une seule main ; puis tenant son verre de l'autre, il le vida en mettant dedans, non son nez, mais son menton, chose facile la tête en bas.

— Voilà ! dit-il ; c'est un très joli tour de société, mais difficile à faire, surtout pour les dames.

Cette réflexion jeta un froid. Heureusement un domestique vint annoncer que le café était servi, et la famille, qui ne savait quelle contenance tenir, se leva pour se tirer d'embarras.

On passa au salon, où le café était dressé sur un grand guéridon. La jeune fiancée allait le servir, lorsque l'invité, l'éloignant doucement du guéridon, lui dit avec un gracieux sourire :

— Permettez, mademoiselle, vous allez voir. A ces mots, il se baisse, prend la table par l'un de ses pieds, l'élève à bras tendu et fait le tour de la société en invitant chacun à prendre sa tasse.

La mine consternée des convives était curieuse à voir.

— Maintenant, gare les têtes ! s'écria notre homme après avoir posé le guéridon à terre, et aussitôt, il fit le tour du salon en exécutant une roue continue et vertigineuse. Ceci fait, il salua respectueusement et dit :

— Messieurs et dames ; c'est pour avoir l'honneur de vous remercier; si vous êtes contents et satisfaits, faites-en part à vos amis et connaissances et venez tous me voir, après-demain, dans ma loge, à la foire de Bombignac.

Puis, s'adressant à Garengeot :

— C'est ça le service que je voulais vous demander, dit-il; puisque vous êtes député et que vous connaissez M. le maire, faites-moi donc avoir ma permission et une bonne place pour bâtir ma loge.

— Comment! dit le député, vous n'êtes donc pas commis voyageur?

— Moi? non; je suis saltimbanque.

Garengeot aurait pu lui répondre :

— Moi aussi; mais, en politique, ces choses-là ne s'avouent pas.

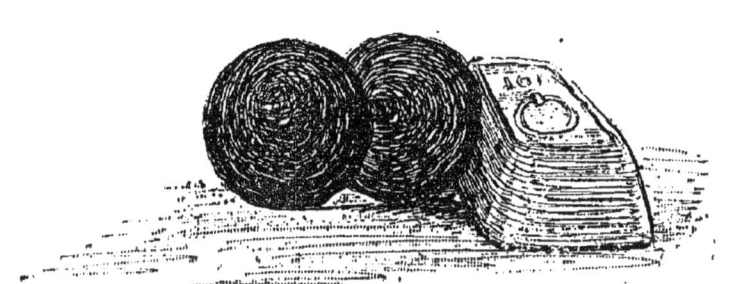

LE GUICHET DES FIANCÉS

LE GUICHET DES FIANCÉS

I

C'était l'un des guichets du bureau de l'état civil, à l'une des mairies de Paris; celui où l'on recevait les demandes de publication de mariage. La figure entrevue au travers de ce guichet n'encourageait guère les futurs maris à s'en approcher, et le langage que leur tenait le propriétaire de ce maussade visage était de nature à les dégoûter de la confrérie où ils venaient s'engager, pour peu qu'ils manquassent de caractère ou de cet amour impatient qui, comme ventre affamé, n'a pas d'oreilles.

Le préposé aux publications de mariage se nommait Bouginier et était marié, depuis trois ans, à une belle personne, native du Loiret, mais qui n'était pas d'Orléans, quand il l'épousa, nuance que doivent toujours apprécier les magistrats chargés de désigner une rosière. La jolie fiancée n'en avait pas moins marché, à l'autel, avec de la fleur d'oranger dans ses cheveux et aussi avec des cheveux dans sa fleur d'oranger, ce que le confiant mari apprit, suivant l'usage, quand, depuis longtemps, les mauvaises langues et même les bonnes disaient, des bijoux de cette femme d'employé à 3,000 francs : Si madame les porte beaux, c'est que monsieur les porte belles.

Bouginier avait connu son cas, par son ami

Bonvin qui pouvait en parler savamment, comme propriétaire d'un hôtel meublé où Mme Bouginier et un monsieur allaient, fréquemment, s'enfermer dans une chambre confortable, et le brave hôtelier avait promis de servir de témoin dans le procès en divorce intenté par son ami.

De tous les employés de l'administration

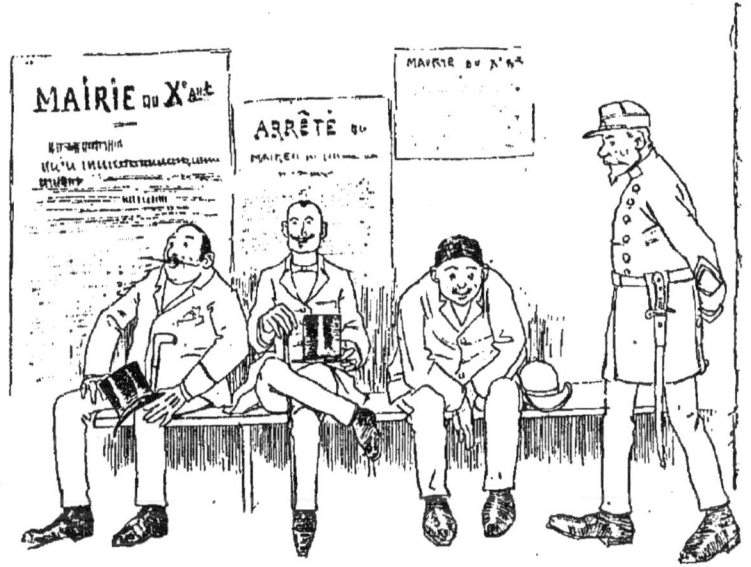

municipale, il n'en était, probablement, pas un seul à qui le guichet des fiancés pût être aussi ironiquement désagréable qu'au malheureux Bouginier. En effet, la vue incessante de visages radieux du bonheur prochain lui rappelait ses joies de fiancé, si promptement suivies de sa déception de mari ; de là son langage à ceux en qui il voulait voir des confrères de l'avenir. Ce langage variait, dans la forme, selon la classe à laquelle appartenait le futur époux, mais le fond était toujours le même : le dégoûter du mariage avant qu'il en ait goûté.

Quelques plaintes étaient déjà arrivées aux oreilles du maire; la première fois, cet officier municipal avait pardonné des réflexions assurément inconvenantes, mais jusqu'à certain point excusables chez un homme aigri par une union malheureuse ; les plaintes s'étant réitérées, il avait jugé nécessaire un avertissement, et s'était promis de le donner à la prochaine occasion.

II

Il est dix heures et demie, Bouginier est à son bureau. Un monsieur se présente au guichet :

— M. Bouginier, sans doute ? dit-il, avec le visage épanoui d'un homme heureux.

— Moi-même, oui, monsieur.

— Je suis chargé de mille choses aimables pour vous, de la part de mon vieil ami Beautendon.

— Ah ! ce cher Beautendon ! charmant homme ! ne restez pas debout à ce guichet, je vous en prie, donnez-vous donc la peine d'entrer !

Bouginier se leva, ouvrit la porte de son bureau, au monsieur, et lui offrit une chaise :

— Ah ! vous êtes un vieil ami de Beautendon, dit-il.

— Oh ! très vieux, depuis vingt-cinq ans ; il m'a parlé de vous, dans les termes les plus affectueux.

— Ma foi, je l'aime bien aussi, ce brave garçon ; je le lui ai prouvé ! en le détournant d'un mariage qu'il allait contracter.

— Ah ! vous saviez, sur celle qu'il voulait épouser...

— Rien du tout ; mais je lui ai rappelé ce mot de Balzac : « Le mariage ressemble à un procès, il y a toujours une partie de mécontente ». D'ailleurs (c'est encore Balzac qui a dit cela) : « Le public ratifie toujours l'espèce d'arrêt que porte, sur lui, un homme libre qui ne se marie pas »

— Je vois, dit en riant l'ami de Beautendon, que vous êtes un célibataire endurci.

— Hélas ! non, monsieur, je suis marié.

— Oh ! pardon... si j'avais su... ce cher Beautendon ! il sera mon garçon d'honneur.

— Ah ! fit Bouginier... alors, monsieur, vous venez pour...

— Pour les publications légales, oui, monsieur.

— Très bien, monsieur ; veuillez me dire les noms et âges...

Le futur époux donna le renseignement : son âge, trente-six ans ; celui de la demoiselle, dix-sept.

Bouginier se récria : Dix-neuf ans de plus que votre fiancée !

— Mais... oui, monsieur, répondit le futur surpris, pourquoi ?

— Oh ! mon Dieu... je vous dis cela... parce que je vous parlais de Balzac et qu'il me revenait à la mémoire cette réflexion de lui : « Les mariages disproportionnés ressemblent à ces anciennes étoffes de soie et de laine, dont la soie finit toujours par manger la laine ».

Le monsieur se leva impatienté :

— Avez-vous besoin d'autres renseignements ? demanda-t-il.

— C'est tout, monsieur; mille compliments à ce cher Beautendon, je vous prie.

— Je n'y manquerai pas.

— Ah! pardon! dit Bouginier, en retenant le futur époux; permettez-moi de vous offrir

cette brochure dont je suis l'auteur : c'est un petit travail sur le divorce; vous trouverez là-dedans toutes les causes pouvant le faire obtenir; j'y donne les moyens de procéder pour engager l'instance; j'y ai joint les principaux jugements et arrêts rendus dans cette espèce; vous serez, ainsi, renseigné sur...

— Mais, monsieur, je n'ai que faire de votre ouvrage, je ne divorce pas, je me marie.

—C'est l'ordre et la marche naturelle, répondit Bouginier ; il faut se marier avant de divorcer.

— Encore une fois, monsieur, je ne veux pas divorcer.

— Quant à présent, non; mais, comme précaution, vous ferez bien de lire mon petit travail, fruit de l'expérience. Ah ! je puis vous indiquer un excellent avocat pour ce genre d'affaires, un spécialiste; depuis la loi, il a déjà fait divorcer trente-sept ménages : c'est un homme précieux.

— Eh ! monsieur, je crois à la femme que je prends et...

— Et vous pensez qu'elle croit à vous; mais quelle est la femme qui ne croit pas plus à son amant qu'à son mari ?

Le futur époux fit un mouvement de colère :

— C'est encore de Balzac, se hâta d'ajouter Bouginier.

— Ah ça, monsieur, vous êtes un drôle d'employé de l'état civil; vous voulez empêcher les mariages que vous êtes chargé de publier !

— Empêcher l°moi ? Ah! grand Dieu! mariez-vous, si cela vous fait plaisir et puissiez-vous n'avoir pas à dire, comme le personnage de Molière :

Tu l'as voulu, Georges Dandin.

III

Le monsieur, qui s'était contenu jusqu'ici, éclata enfin ; il criait, protestait, lorsqu'entra, comme un fleuve en rupture de digue, un gros homme au comble de l'exaspération :

— Ah! dit-il, au monsieur, il vous a débiné votre future, comme il a fait de ma fille, que son fiancé ne veut plus épouser; ça se sait déjà partout, et les cancans vont leur train dans le quartier... Où est le maire? je veux lui parler! Et il se fit indiquer le cabinet de l'officier municipal. Bientôt celui-ci faisait appeler Bouginier, l'admonestait vertement et le faisait permuter avec le titulaire du guichet des naissances : là, au moins, s'était dit le paternel magistrat, rien ne rappellera, à ce pauvre diable, ses infortunes conjugales.

Bouginier s'installa donc à la place quittée par son collègue et, pendant quelques jours, il enregistra paisiblement les noms et prénoms des petits concitoyens dont on venait lui déclarer la naissance. Sa coupable épouse ne l'ayant pas rendu père, ce dont il se félicitait, en songeant à ce qu'eût été l'avenir du malheureux enfant qui n'avait pas demandé à naître et à qui il lui aurait fallu avouer, un jour, les raisons qui l'avaient obligé à répudier sa mère; ses nouvelles fonctions n'éveillaient donc, en lui, aucun souvenir amer.

Un matin, en arrivant à son bureau, il trouva, qui l'attendaient, une nourrice portant un bébé, plus deux témoins. Bouginier, passa derrière son grillage, ouvrit son registre, s'installa solidement sur son rond de cuir et dit aux nouveaux venus de s'approcher :

— Les nom et prénoms de l'enfant, ainsi que ceux des père et mère! demanda-t-il.

On lui répondit :

— Charles-Eugène Bouginier, né de Charles-Henri Bouginier et de Jeanne-Albertine Purin.

Le martyr de l'état civil poussa un hurlement qui fit se retirer avec épouvante la nourrice et les témoins et jeter des cris au nourrisson. L'infortuné Bouginier n'avait pas revu sa femme depuis dix-huit mois, et il lui fallait enregistrer la naissance d'un fils dont il était le père légal, en vertu du précepte de droit romain : *Is pater est quem nuptiæ demonstrant.* Il s'y refusa avec énergie et, franchement, le maire ne pouvait guère l'obliger à pousser jusque-là le sentiment du devoir professionnel. Bouginier permuta donc encore, cette fois avec le préposé aux décès.

IV

Là, Bouginier put croire qu'il serait enfin tranquille, et il se disait en songeant à l'héritier que la loi lui imposait : Patience ! l'enquête, à l'appui de ma demande en divorce, doit s'ouvrir dans quelques jours. Bonvin sera entendu ; grâce à lui, le gain de mon procès est assuré, après quoi, le désaveu de paternité ira tout seul. Il avait d'ailleurs revu son ami l'hôtelier, l'avait informé de la naissance adultère d'un petit Bouginier et Bonvin, indigné, l'avait assuré de nouveau qu'il dirait tout au magistrat enquêteur.

L'enquête commença; elle ne recueillit d'abord que des déclarations incertaines, des ouï-dire, des potins, rien enfin de sérieux; restait Bonvin, dont les révélations devaient être décisives.

— Enfin ! se disait Bouginier, c'est demain qu'il doit être entendu; non seulement lui, mais aussi ses garçons d'hôtel.

Disons ici que ces derniers se rappelaient parfaitement le monsieur et la dame à qui ils préparaient une chambre, deux fois par semaine, et se rappelaient surtout que le pourboire n'était pas en rapport avec la discrétion professionnelle; du reste, ils ignoraient qui étaient les deux amants.

Il est utile de dire que Bonvin ne les connaissait pas plus; sinon, on ne comprendrait pas l'assistance donnée, par lui, aux amours clandestins de la femme de son ami. Il ne la connut qu'en la rencontrant un jour au bras de Bouginier, et il fit volte-face pour éviter une situation embarrassante pour la dame et pour lui et une exclamation involontaire qui eût pu, les trahir; ce ne fut qu'après le départ de

Mᵐᵉ Bouginier, de la maison conjugale, qu'il apprit au mari les rendez-vous d'amour, pris dans son hôtel.

— Brave Bonvin, se disait Bouginier, derrière son grillage ; sans lui, je perdrais mon procès, car sa déposition et celle de ses garçons sont les seules preuves sérieuses que j'aie pu recueillir.

Ses réflexions furent interrompues par une voix qui lui demanda :

— Les déclarations de décès, c'est ici ?

— Oui, que désirez-vous ?

— Monsieur, je suis garçon d'hôtel ; mon patron, M. Bonvin, vient de mourir d'apoplexie !

Bouginier s'affaissa comme une omelette soufflée.

« Et meure, avec lui, ta dernière espérance ! » gémit-il, en se rappelant ces paroles de Marguerite de Bourgogne à Buridan enchaîné.

Pauvre homme ! Eh non, sa dernière espérance n'est pas morte avec Bonvin ; il prouvera, sans peine, qu'il n'a pas revu sa femme depuis dix-huit mois, le temps juste d'avoir deux enfants, et elle ne lui en a donné qu'un, ce qui suffit bien, sans qu'il soit besoin de savoir s'il a été fait chez Bonvin. Il ne songe pas à une chose si simple ; mais son excellent maire lui expliquera cela.

LE BIGAME SANS LE SAVOIR

LE BIGAME SANS LE SAVOIR

I

On raconte que les sages de la Grèce, étant, un jour, réunis chez Périandre, tyran de Corynthe, on causa des choses de ce monde et tous convinrent qu'ils n'en voyaient que deux belles : les femmes et les roses, et deux bonnes ; les femmes et le vin.

Voilà donc les ivrognes et les maris divorcés ou veufs, qui ont juré, les uns de ne plus boire, les autres de ne pas se remarier, excusés quelque peu, par les sages de la Grèce, de violer leur serment.

Nous qui ne sommes pas des sages, nous montrerons-nous sévères pour le héros de cette histoire, l'excellent Beauvoisin, parce que, oublieux de ses infortunes conjugales en premières noces, il s'est exposé à en subir d'autres dans un second mariage? Non; d'ailleurs, cela ne nous regarde pas; ce sont ses affaires et non les nôtres.

Mais comment, étant divorcé, a-t-il pu se trouver bigame? D'abord, il l'était sans le savoir, et puis ceci sera expliqué tout à l'heure.

Le divorce avait été prononcé au profit de Beauvoisin, grâce à l'inconduite notoire de son épouse qui changeait d'amant comme de chemise, en supposant qu'elle ne la quittât même pas complètement.

La dame, ne se tenant pas pour battue par les juges de première instance, avait formé appel du jugement, la Cour avait rendu un arrêt confirmatif; de sorte que le mari, définitivement en règle avec la loi, pouvait dormir sur ses deux... mettons « oreilles » pour respecter la locution et, aussi, les convenances de langage, bien que Molière n'ait pas eu ce scrupule; mais je ne suis pas Molière et

> Quand sur telle personne on prétend se régler,
> C'est par son beau côté qu'il faut lui ressembler.

Rentré en possession de sa liberté, Beauvoisin en jouit d'abord et avec d'autant plus d'ardeur qu'il avait besoin de s'étourdir. Peu

pressé de rentrer dans son logis désert, il courut les théâtres, les cerclés, soupa, joua et  perdit, passa les nuits, vit sa santé menacée ; bref, abusa de sa liberté comme on fait de toutes les bonnes choses et, enfin, n'aspira plus qu'à la perdre, comme les peuples à qui elle donne les clubs révolutionnaires, les débits de vin illimités, les appels à l'assassinat, la vente publique des écrits immondes et les menaces des conseils municipaux.

II

« Le jeu, le vin, les belles » n'étant pas pour lui « le seul bonheur » comme pour Robert-le-Diable, Beauvoisin se mit à voyager. A Saint-Pétersbourg, il fit la connaissance d'une famille française : M., Mme et Mlle Loïseleur, s'éprit de la jeune fille et l'épousa, après avoir fait connaître sa situation d'homme divorcé. Le mariage se fit régulièrement (les registres du consul de France en font foi). Le soir même, Beauvoisin se hâtait d'emmener à Paris sa jeune épouse et, six jours après, ils entraient au domicile conjugal.

Je supprime l'épithalame, par les mêmes raisons qui avaient fait supprimer la musique de la *Dame Blanche;* c'est-à-dire, comme entravant l'action et, ainsi que le directeur de province qui avait découvert cet *impedimentum* lyrique, je remplace les suppressions par un dialogue vif et animé.

On comprendra sans peine qu'il dut être tel, quand j'aurai dit qu'il eut lieu entre le remarié et son ex-femme.

Elle entra tout à coup, chez lui, comme elle l'eût fait dans sa propre demeure. Heureusement, la deuxième épouse était, à ce moment, à courir les magasins.

— Vous! exclama Beauvoisin; que venez-vous faire ici?

— Moi? mais je viens vous voir, répondit-elle tranquillement; j'aurais même le droit de vous dire que je rentre au domicile conjugal.

Beauvoisin, ahuri de tant d'aplomb, ne trouvait pas un mot à dire ;

— Quel domicile conjugal? demanda-t-il enfin, sommes-nous, oui ou non, divorcés?

— Non! répondit carrément la visiteuse.

— Comment, non? exclama Beauvoisin; un jugement a-t-il, oui ou non, prononcé le divorce?

— Oui.

— Ce jugement a-t-il, oui ou non, été confirmé en appel?

— Parfaitement.

— Eh bien, alors?

— Eh bien, fit la dame, et la Cour de cassation, que vous oubliez?

— La Cour de... balbutia Beauvoisin.

— Sans doute... elle n'est pas faite pour les dromadaires, la Cour de cassation. Mon avocat a découvert, dans la procédure, un cas de nullité; j'ai formé un pourvoi; le moyen de cassation a été admis; donc, il n'y a rien de fait et, tant que la Cour chargée de juger à nouveau n'aura pas statué, je serai votre femme!

III

Beauvoisin était anéanti.

— C'est dans trois jours, ajouta la dame, que le nouvel arrêt sera rendu ; j'ai voulu vous prévenir, dès la cassation prononcée ; mais on m'a dit que vous étiez en voyage, j'ai attendu votre retour. Vous êtes revenu hier au soir et me voilà.

— Mais alors, se disait le malheureux, je suis bigame !

De son côté, Mme Beauvoisin n° 1 se disait que la nouvelle Cour devant laquelle son procès était renvoyé jugerait vraisemblablement comme celle dont l'arrêt était cassé ; que ça n'aurait, dès lors, été que ce qu'on appelle reculer pour mieux sauter ; elle crut donc devoir tenter une réconciliation. Elle profita du silence de son mari et reprit :

— Oui, je suis encore votre femme et toujours digne de l'être, je vous le jure.

Craignant ici une protestation énergique (le pauvre homme n'écoutait même pas), elle continua avec volubilité sa tentative, s'attacha à démontrer qu'elle avait été victime de calomnies, de vengeance, d'apparences, etc., et comme, tout à sa pensée terrifiante de réclusion, de bagne peut-être, l'infortuné bigame restait plongé dans ses réflexions douloureuses, Mme Beauvoisin crut avoir, au moins, jeté le doute dans l'esprit de son mari et elle essaya d'enlever ses dernières hésitations :

— Voyons, Ernest, dit-elle, en s'approchant de lui, réconcilions-nous ! J'ai été légère, inconséquente, oui ; infidèle, jamais ! car je n'ai jamais aimé que toi, mon Ernest. Si tu savais ce que j'ai souffert !... Ah ! tu as été bien dur pour moi, bien injuste; tu es jaloux et, tu sais, quand on est jaloux, on l'est de son ombre; mais j'oublierai tout.

Elle lui prit la main, il se laissa faire ma-chinalement; ce que voyant, elle lui sauta au cou et voulut l'embrasser. Cette manifestation le tira de sa torpeur et repoussant la tentatrice :

— Sors d'ici, misérable! hurla-t-il, sors d'ici!

A ce moment, une voix jeune et fraîche appela : Ernest! c'était celle de Mme Beauvoisin seconde. La première en date bondit de fureur :

— Ah! je comprends, dit-elle, il y a une femme ici, une maîtresse!

La nouvelle épouse pouvait entrer ; tout serait perdu; il fallait prendre un parti violent, Beauvoisin n'hésita pas et, saisissant la gêneuse par les bras et par les épaules, il allait la jeter à la porte :

— Oh! pas de violence, fit-elle, je sors ! Mais, ajouta-t-elle avec un mauvais sourire : vous entendrez parler de moi! et elle sortit.

Il était temps, sa remplaçante entrait, suivie d'une bonne portant des paquets.

Dans son empressement à étaler ses acquisitions aux regards de son mari, Mme Beauvoisin ne remarqua pas l'embarras bien naturel où l'avait jeté une révélation stupéfiante. Beauvoisin put, d'ailleurs, le dissimuler en admirant les étoffes achetées par sa jeune femme, et la situation fut sauvée pour le moment.

Ce jour-là, les époux devaient dîner au restaurant, puis passer la soirée au théâtre. Rien ne fut changé au programme. Beauvoisin mangea peu, parut distrait au spectacle; mais aux remarques qu'en fit sa jolie compagne, il put arguer de joies entrevues à bref délai et dont la pensée lui rendait indifférents tous les plaisirs qui retardaient le tête-à-tête. L'ombre de la baignoire cacha les tendres pressions de mains que lui valurent cette explication, et comme tout a une fin, le rideau du théâtre se baissa, et bientôt ceux de l'alcôve s'ouvrirent pour le tendre couple.

Fermons-les discrètement.

IV

Au fait, le mystère est inutile, car bientôt les larmes et les reproches de la jeune femme auraient appris à qui n'eût même pas eu besoin de prêter l'oreille, que le manque d'appétit de Beauvoisin à table, et ses distractions au spectacle, n'avaient pas pour cause la tendre préoccupation alléguée par lui et qui lui avait valu tant d'affectueuses étreintes. Vainement, le pauvre diable invoquait-il une indisposition subite et, en effet, il était assez mal disposé :

— Ça n'est pas vrai ! criait l'épouse indignée, vous me cachez quelque chose! (Ceci était vrai, par exemple.) Et là-dessus, scène de jalousie.

— Vous me trompez! Vous avez des maîtresses! Malheureuse que je suis! Oh! maman! etc., etc.

A ce moment, on sonna à la porte de l'appartement :

— Tu vois, dit Beauvoisin, ce sont les locataires que tes cris empêchent de dormir et qui viennent protester.

— Ouvrez! au nom de la loi, cria une voix d'homme; c'est le commissaire de police!

Beauvoisin tressaillit à la pensée qu'on venait l'arrêter comme bigame, et comme il n'obéissait pas à l'injonction, le commissaire de police menaça de faire enfoncer la porte.

La bonne entra éperdue :

— Monsieur, madame, dit-elle, c'est le commissaire, faut-il que j'ouvre?

— Mais que veut-il? demandait la jeune femme éplorée.

Beauvoisin, terrifié, était hors d'état de répondre :

— Ah! s'écria tout à coup la jeune femme, je disais bien que vous aviez quelque chose; l'arrivée du commissaire de police, c'est cela. Je vais savoir la vérité.

Et elle ordonna à la bonne d'aller ouvrir la porte.

Le commissaire de police et Mme Beauvoisin n° 1 entrèrent et, sur leur ordre, la bonne les conduisit à la chambre des deux époux.

— Vous voyez, monsieur le commissaire, dit celle qui l'accompagnait, le flagrant délit est constant.

— Parfaitement madame, répondit le magistrat et, tirant de sa poche une formule imprimée, déclara qu'il allait dresser un procès-verbal de constat.

— De constat de quoi? demanda la jeune épouse en proie à une agitation indescriptible.

— D'entretien d'une concubine au domicile conjugal, répondit le magistrat.

La femme légitime protesta avec indignation et, interpellant son mari : Répondez donc? criait-elle concubine, moi ! mais répondez donc !

Hélas ! que pouvait répondre, le pauvre diable ? Reconnaître le fait, c'était une comparution en police correctionnelle ; dire que la prétendue concubine était sa propre femme, c'était s'avouer bigame.

Celle-ci, d'ailleurs, ne pouvait rester sous le coup de l'outrage ; elle ferma fiévreusement les rideaux, passa sa robe de chambre, sauta à bas du lit, courut à un meuble, l'ouvrit en tira son acte de mariage et le présenta au commissaire de police qui en prit connaissance.

S'adressant alors à celle qui l'avait requis : Mais, lui dit-il, monsieur et madame sont époux légitimes ; voici leur acte de mariage.

— Ah ! c'est encore mieux, dit-elle avec un rire satanique ! monsieur est bigame.

— Bigame ! exclama la nouvelle épouse.

— Parfaitement ! dit le Commissaire de police.

Et il expliqua la situation et la première femme expliqua, à son tour, que le deuxième mariage était nul de droit ; que l'arrêt de la Cour devait être prononcé après demain, qu'elle irait voir le président dès demain matin, etc., etc.

Beauvoisin était anéanti ; sa jeune femme se tordait dans les larmes.

— Mais, dit le commissaire de police, qui avait relu attentivement, l'acte de mariage, cet acte a huit jours de date.

— Oui monsieur, dit la pauvre affligée ; il y a juste aujourd'hui huit jours que la cérémonie a eu lieu.

— En Russie : je vois bien, madame ; mais le calendrier russe retardant de douze jours sur le nôtre, légalement, monsieur votre mari ne serait bigame que dans quatre jours.

— Alors, dit la plaideuse, madame est une simple maîtresse ; donc, entretien de concubine.

— Oh ! n'allons pas si vite, madame, répondit le commissaire de police, en serrant sa formule de procès-verbal ; je ne dresserai pas ce constat ; il s'agit ici d'un cas non prévu par la loi et que les juges apprécieraient tout autrement que vous ne le faites ; d'ailleurs l'arrêt de la Cour près laquelle vous êtes en instance, devant être prononcé après demain, la situation de monsieur et de madame sera régulière.

Cette révélation tira Beauvoisin de sa tor-

peur; il riait, pleurait, dansait, voulait embrasser le commissaire de police.

— A moins, ajouta celui-ci....

Cette restriction changea brusquement toutes les physionomies: d'abattue qu'elle était, la première Mme Beauvoisin montra un visage rayonnant d'espoir; l'autre était haletante et leur mari était anxieux.

Le magistrat acheva sa pensée:

— A moins que l'arrêt de la Cour ne soit pas conforme à celui réformé.

— Il le sera ! s'écria Beauvoisin en suffoquant de joie.

Et il le fut, en effet, à la date indiquée, heureusement, car un renvoi à huitaine eût rendu bel et bien bigame, un honnête garçon que le calendrier de Grégoire XIII a sauvé de la Cour d'assises.

TABLE DES MATIÈRES

	Pages.
Le Mouchard.	1
Course de Taureau en chambre	37
Dominique.	51
La Grosse Caisse.	75
Le Duel Ramonet.	97
Oscar le Parieur.	127
Le Nain.	151
L'Escarpin.	165
Les Messieurs aux Gifles.	185
La Nostalgie.	211
Le Gros Lot.	229
Le Député de Bombignac.	261
Le Guichet des Fiancés	279
Le Bigame sans le savoir.	299

PARIS. — IMP. C. MARPON ET E. FLAMMARION, RUE RACINE, 26.

www.ingramcontent.com/pod-product-compliance
Lightning Source LLC
Chambersburg PA
CBHW060411170426
43199CB00013B/2088